OBERBAYERN

Die schönsten Wanderungen mit Hunden

Michael Reimer und Katrin Baur

Der Hund erkundet die Landschaft und freut sich über die Aufmerksamkeit des Frauchens ...

L aut bellend kam der umtriebige Beagle aus dem dämmrigen Wald geschossen und brachte den verdutzten Ski-Langläufer vor Freude fast zu Fall. Gut eine Stunde lang hatte der streunende Hund sein durch das Gelände pirschendes Herrchen aus den Augen verloren. In seinem jugendlichen Leichtsinn war dem Herrchen das Anleinen des Hundes in etwa so wichtig wie die Physikprobe am kommenden Schultag. Er hatte mit „Bigissimo", der bei jeder Bewegung in Richtung Haustür mit seinem treuen Hundeblick in Vorfreude auf einen Ausflug laut winselte, einen Deal vereinbart: Gut, ich nehme dich mit, aber nur, wenn wir beide frei sind. Und ein mit Vorliebe jagender Beagle nimmt diesen Freibrief dankbar an.

Auch ohne diese fahrlässige Laissez-faire-Einstellung gibt es viele gute Gründe, mit dem Hund auf Wanderschaft zu gehen. Zunächst ist das Schnuppern im Gelände für den Hund ebenso unterhaltsam und wichtig wie für den Menschen die morgendliche Zeitungslektüre. Außerdem genießen die Hunde, im Alltag oft etwas vernachlässigt, bei den ausgedehnten Wanderungen unsere volle Aufmerksamkeit. Die Beziehung zu unseren geschätzten Vierbeinern verbessert sich somit erheblich, zumal in einer neuen Umgebung auch noch der Entdeckungstrieb hinzukommt. 30 Kilometer am Tag sind im normalen Wandertempo für einen gut trainierten Hund übrigens kein Problem.

Wer als Jogger oder Radfahrer die Unberechenbarkeit einiger Hunde fürchten gelernt hat, hat zum Thema Anleinen vermutlich eine andere Einstellung als unser Ski-Langläufer. Und möchte man ein Reh sein, wenn ein wildernder Hund mit entschlossenem Blick zum Sprint ansetzt? Doch andererseits: Muss man für immer mehr Erholungsgebiete den Leinenzwang einfordern? Ein Hund liebt es, sich frei im Gelände zu bewegen, und wenn er gut erzogen ist, spricht nichts gegen eine Lockerung der Leinenpflicht.

Wir verzichten in diesem Buch auf Gegenden, in denen man vor lauter Hundeverbotsschildern den Wald nicht mehr sieht. Bei der Suche nach geeigneten Wanderzielen waren wir überrascht, wieviele Einschränkungen es mittlerweile für den Hund gibt. Natürlich ist eine gewisse Rücksichtnahme des Hundehalters in freier Wildbahn unabdingbar (siehe Einleitung), doch dieses hohe Maß an Reglementierung hat der gut erzogene Vierbeiner nicht verdient.

Wir waren mit 28 unterschiedlichen Hunden unterwegs, auch um der Vielfalt von Verhaltensweisen und Charakteren der Vierbeiner gerecht zu werden. Zwischen einem Jagd- und einem Hütehund liegen doch Welten. Doch von Gemüt und Größe vollkommen unabhängig hat jeder der uns begleitenden Hunde den Ausflug in vollen Zügen genossen.

In diesem Sinne viel Spaß bei den Ausflügen mit Ihrem geliebten Vierbeiner

Michael Reimer und Katrin Baur

... und der Mensch macht den Hund im Rahmen einer Yogaübung, die zur Dehnung seiner Muskeln und Bänder dient.

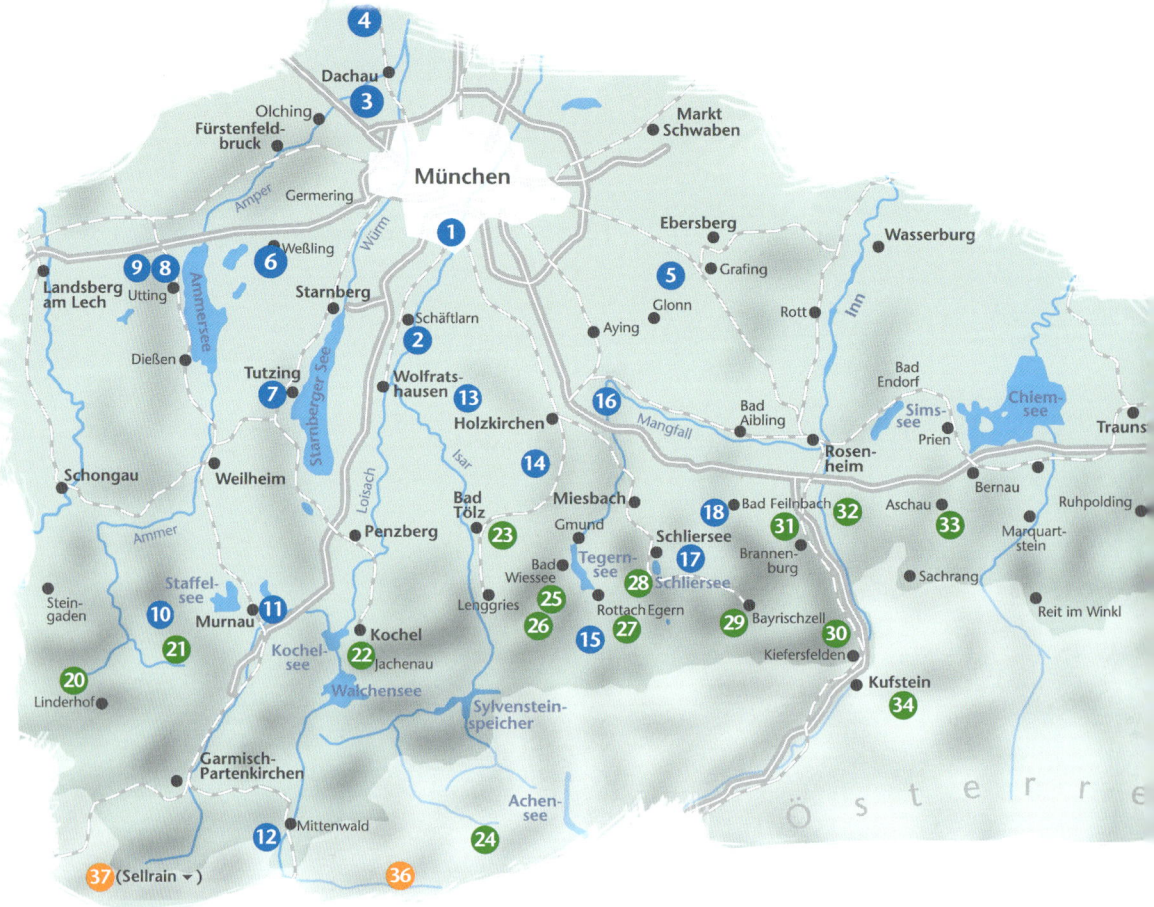

Münchner Umland

Fünfseenland mit Ammersee

Werdenfelser Land

■ einfache Spazier- und Wanderwege   ■ Bergwandern und Bergsteigen   ■ Bergtouren mit Hüttenübernachtung

Tölzer Land

Mangfalltal / Tegernsee / Schliersee

Inntal / Chiemgau

Berchtesgadener Land / Tirol

Gassisäcke
zur freien Entnahme

...eine einfache und praktische Lösung
für eine saubere Umwelt !

Bitte Wege und Wiesen
nicht als **Hundeklo**
benutzen

Markt Schliersee

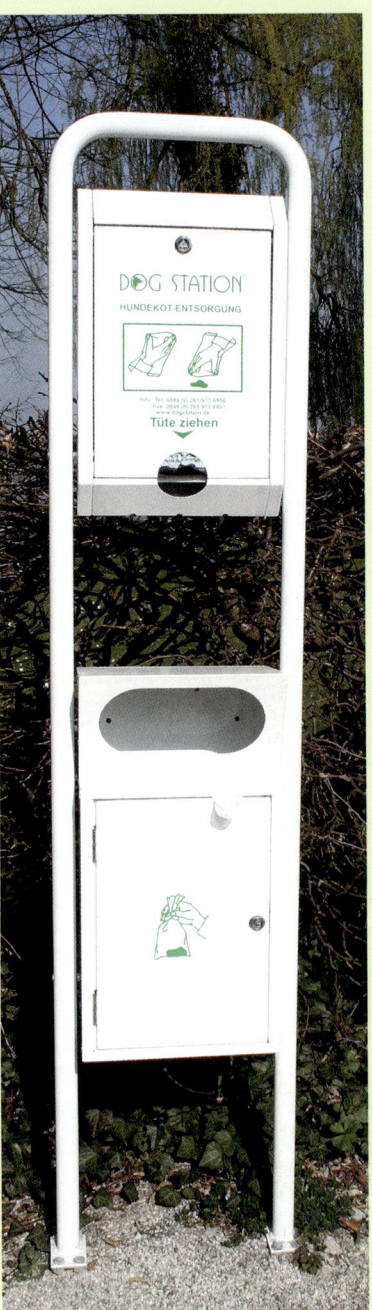

DOG STATION
HUNDEKOT-ENTSORGUNG

Tüte ziehen

...und ich soll`s
fressen ?!

**Sauberes Futter-
alles in Butter**

Gemeinde
Greiling

Weidevieh
Durchgang auf eigene
Gefahr !
Hunde bitte an die Leine

Wiesen sind zur
Nahrungsmittelproduktion
und Tierernährung da !

**Bitte nicht mit
Hundekot verschmutzen !**

Druck: Schilder Hartmann GmbH, Rosenheim

NO!

arinen-Rolle

Wir
müssen
draussen
bleiben

Wenn Du ihn streunen läßt!

Helft uns schützen!

Warnung! Frei laufende u. jagende Hunde werden erschossen.
der Jagdinhaber

Kühe pflegen unsere Landschaft · Mutterkühe schützen ihre Kälber!
HALTEN SIE ABSTAND! BESONDERS MIT HUNDEN!
Cows maintain our landscape · Suckler cows protect their calves!
KEEP YOUR DISTANCE! ESPECIALLY WITH DOGS!

Verhaltensregeln bei der Begegnung mit Mutterkuh-Herden
- Halten Sie Distanz zu Rindern
- Kälber auf keinen Fall berühren
- Hunde an der Leine führen und im Notfall loslassen
- Betreten auf eigene Gefahr

Hunde an die Leine nehmen!

Achtung Wildpark!
Für Unfälle aller Art - auch durch Wild - wird keine Haftung übernommen.
Hunde an die Leine!
Forstamt Ebersberg

Wanderer!
Hier ist die Kinderstube des Wildes. Halte Deinen Hund an der Leine und bleib auf den Wegen!

Freilaufende Hühner
Hunde bitte an die Leine!

VORSICHT

TOLLWUT-IMPFGEBIET

In diesem Revier sind derzeit mit Tollwut-Impfstoff beschickte Impfköder ausgelegt. Sie sollen von Füchsen aufgenommen werden, um sie gegen Tollwut zu schützen.
Bitte
* Hunde nicht frei laufen lassen und von den Impfködern fernhalten
* Impfköder nicht berühren
* Bei Kontakt mit Impfködern Arzt oder Gesundheitsamt befragen
* Informieren Sie Ihre Kinder

Bitte Vorsicht!
Freilaufender Hund.
Wenn Hund kommt hinlegen und auf Hilfe warten.
Wenn keine Hilfe kommt, dann viel Glück!

Achtung Bergschafweide

Vorsicht Elektrozaun

Bitte Hunde an die Leine

Gatterl schließen

Vielen Dank die Schafhalter

Hunde sind an der Leine zu führen!

Wildtollwut!
Gefährdeter Bezirk

Wildtiere brauchen Schutz und Ruhe
Hunde bitte anleinen!

Deutscher Jagdschutz-Verband e.V.
Schutzgemeinschaft Deutsches Wild e.V.

Wir
müssen
an die
Leine

Bitte
keine
Hunde
im Lokal
Danke!

Ihr Bäckermeister bietet an

BAKO

Hunde bitte anleinen

Gde. Eggstätt

Laut Gemeinde-
verordnung sind

Hunde

an der Leine zu führen

Gemeinde Rottach-Egern

IO NON
POSSO
ENTRARE

Hundefreier Dammweg!

Vernünftige Hundebesitzer benützen aus Rücksicht
gegenüber Fußgängern, die Angst vor Hunden haben,
den gegenüberliegenden Dammweg oder den Fahrweg!

Für unvernünftige Hundebesitzer
ist die Benützung des Weges
verboten!

Zuwiderhandlungen können mit Geldbuße bis zu 2000 EURO geahndet werden.

Gemeinde Kreuth

VERORDNUNG

der Gemeinde St. Sigmund im Sellrain betreffend Leinenzwang für Hunde
außerhalb von Gebäuden und von ausreichend eingefriedeten Grundstücken
im Vermeindegebiet der Gemeinde St. Sigmund im Sellrain:

Zur Vermeidung von Gefahren für Menschen bzw. Sachen wird
gemäß § 6, Absatz 6 des Landespolizeigesetzes 1976, LGBl. Nr. 60/1976,
wie folgt verordnet:

§ 1: Im Gemeindegebiet von St. Sigmund im Sellrain sind Hunde
außerhalb von Gebäuden und von ausreichend eingefriedeten Grundstücken
an kurzer Leine zu führen.

§ 2: Zuwiderhandlungen gegen diese Verordnung können
gemäß § 8, Absatz 1, lit. d, Tiroler Landpolizeigesetz 1976, LGBl. Nr. 60/1976,
mit einer Geldstrafe bis zu € 360,- bestraft werden.

Bei Vorliegen von erschwerenden Umständen kann gemäß Absatz 2 der
zitierten Gesetzesstelle der Verfall von Tieren ausgesprochen werden,
wenn diese Tiere dem Täter oder einem Mitschuldigen gehören.

Der Bürgermeister:
Kapferer Karl

100 m zum Hundestrand ↑

Schutzbereich

Im Interesse der Hygiene und menschlichen Gesundheit ist es in der Zeit vom 1. Mai bis 30. Sept. im Bereich des Freibadegeländes verboten, Haustiere aller Art schwimmen zu lassen oder zu reinigen.
Die Polizei ist beauftragt gegen Verstöße vorzugehen.

VO des Landratsamtes Garmisch-Partenkirchen vom 18.4.1978

Fahrräder und Hunde sind im gesamten Badebereich verboten!

Hunde im Restaurant an die Leine!

So können Sie 500 Euro sparen...

Liebe Spaziergänger!
Wir wünschen Ihnen einen angenehmen und erholsamen Aufenthalt rund um die Ebersberger Weiherkette und im Naturschutzgebiet Egglburger See.
Wir bitten Sie jedoch folgende Regeln zu beachten:

Bleiben Sie bitte auf den Wegen.

Bello, Fiffi & Co. bitte an der Leine halten und "Hinterlassenschaften" sofort beseitigen
Übrigens - die Nichtbeseitigung kann Sie bis zu 500 Euro Bußgeld kosten.

Badeplatz

1. 5. – 30. 9.
Gemeinde Utting

Keine Hundebadewanne

Neue Ziele braucht der Hund

Dass Hunde regelmäßig Auslauf brauchen und auch der eigene Garten hierfür nicht reicht, weiß jedes Kind. In der Regel hat jeder Hundehalter seine Standardstrecken, wo er mit seinem geliebten Vierbeiner kleinere oder größere Spaziergänge unternimmt. Meist liegen diese Reviere – ein See, ein Wald, eine Wiese oder ein Park – aus Zeitgründen in der Nähe des eigenen Wohndomizils. Doch auf Dauer langweilen diese Standardrouten. Der Hund braucht ebenso wie wir Menschen ein wenig Abwechslung, das Erkunden einer neuen Umgebung ist fesselnd und faszinierend zugleich. Neue Gerüche, neue Abenteuer und neue Bekanntschaften erfreuen jedes Hundeherz. Grund genug, sich auf die Suche nach Wanderrouten zu machen, die dem Hundehalter und dem Vierbeiner gleichermaßen Spaß machen.

Wir stellen in diesem Buch 37 landschaftlich reizvolle Wanderungen in der Region München und in den bayerischen Alpen vor; unsere fünf Hüttenausflüge führen nach Tirol. Drei Komponenten sind uns bei der Auswahl der Touren wichtig: Ein Hund muss auch mal frei laufen dürfen, also weg vom permanenten Leinenzwang; frequentierte Radrouten und touristische Anziehungspunkte verursachen Stress und sollen möglichst gemieden werden; und allein des Trinkens wegen soll unterwegs ausreichend Wasser für den Hund vorhanden sein.

Im breiten Isartal gibt es reichlich Auslauf.

Genusswege am Wasser

Da Hund und Mensch sich gleichermaßen zum Wasser hingezogen fühlen, führen die meisten unserer Wege zumindest abschnittweise an Flüssen entlang oder zu entlegenen Seeufern. Die schönsten Badestellen sind durch Piktogramme in der jeweiligen Tourenkarte markiert. Dabei wird auf Anhieb sichtbar, ob unsere Vierbeiner in das kühle Nass springen dürfen.

Die meisten bekannten Badeseen sind hingegen zumindest im Sommerhalbjahr für Hunde tabu. Im Badebereich ist der Konflikt mit den Nicht-Hundebesitzern vorprogrammiert, sofern die Hunde nicht an der Leine sind oder neben den Kindern ins Wasser springen. Die entlegenen Ufer wiederum stehen oft unter Naturschutz und dürfen zumindest während der Vogelbrutzeiten nicht betreten werden. Zudem kommen einem entlang der Seeufer viele Radfahrer in die Quere.

Wandern in unserem Sinne ist an Oberbayerns Seen somit schwierig. Dennoch gibt es auch dort für Hunde einige Badenischen (siehe Tabelle).

Badevergnügen im Seehornsee (siehe Tour 35)

See (Auswahl)	Baden mit Hund erlaubt
Ammersee	ja, an abgegrenzten Badeplätzen Schilder beachten!
Barmsee	ja
Bayersoiener See	ja
Chiemsee	ja, Freigelände außer Strandbad und Schilfzone
Drei-Seen-Gebiet (Chiemgauer Alpen)	ja, im Mittersee und Lödensee außerhalb der Strandbäder, nein im Weitsee
Eibsee	ja, Oktober bis Mai außer in Nähe von Badegästen
Fasaneriesee	ja, extra Wiese für Hundebesitzer
Ferchensee	ja, Freigelände außerhalb von Liegewiesen
Hackensee	ja, im Bachauslauf, nicht aber im See
Harmatinger Weiher	ja
Hollerner See	ja, am Westufer
Hubersee	ja
Kirchsee	nein
Kochelsee	ja, Freigelände außerhalb von Strandbad und Liegewiese
Langwieder See	ja, extra Wiese für Hundebesitzer
Lautersee	ja, Freigelände außerhalb vom Strandbad
Ludwigsfelder See	ja
Maisinger See	nein
Mallertshofer See	ja
Mooshamer Weiher	ja
Osterseen	nein
Riegsee	ja, ausgewiesener Hundestrand beim Camping Brugger
Schliersee	ja, Freigelände
Schwaigsee	ja, ausgewiesene Fläche neben dem Biergarten
Spitzingsee	ja
Staffelsee	ja, außerhalb des NSG und Strandbads
Starnberger See	ja, von 15.9. bis 15.5.
Sylvensteinspeicher	ja
Tegernsee	ja, Hundestrand Schorn in Rottach-Egern sowie von November bis April
Thanninger Weiher	nein
Waginger See	Hundestrand Salzachinsel (Eintritt 2,50 EUR)
Walchsee	ja (am Ostufer)
Walchensee	nein (Wasserschutzgebiet)
Weßlinger See	nein
Wörthsee	ja, an kleinen Seezugängen sowie von 15.9. bis 15.5.

* Die Badeinfos basieren auf eigenen Erfahrungen oder wurden bei Touristen- und Gemeindeämtern erfragt. Die offiziellen Bestimmungen sind jedoch oft schwammig. Daher: ohne Gewähr

Tourentipps für jeden Anspruch

Obwohl auch schwierigere Touren vorgestellt werden, handelt es sich im Durchschnitt um Genusswanderungen in einfachem Gelände. Somit kommt der Hund, der lieber auf flacheren Strecken unterwegs ist, ebenso auf seine Kosten wie der ausdauernde Vierbeiner, den auch ausgedehnte Tagestouren nicht zu anstrengend sind.

- ### Spazier- und Wanderwege im Alpenvorland
  Gut die Hälfte unserer Wanderungen verläuft im Großraum München oder im Alpenvorland. Die Wege weisen überwiegend keine Schwierigkeiten auf und sind das ganze Jahr über begehbar. Bei einer Gehzeit von zwei bis vier Stunden ist die Wanderung innerhalb eines Halbtagesausflugs gut zu schaffen.

Genusswege am Flussufer der Amper und am Fuß der Lalidererwand im Karwendel

• Wanderwege in den Bergen

Deutlich anspruchsvoller sind die Wanderrouten in den
Bergen, da sie häufig auf Gipfel führen und somit einen
gewissen Höhenunterschied überwinden. Trotz des alpinen
Geländes sind einige Wanderungen auch im Winter durch-
führbar. Etwas Trittsicherheit ist auf den Bergsteigen aber
unabdingbar. Weisen die Wege in Form von Steilstufen oder
Felspassagen technische Schwierigkeiten auf, wird eigens
darauf hingewiesen. Da sich die meisten Hunde von Natur
aus geschickt im Gelände fortbewegen, muss man sich um
sie in der Regel jedoch keine Sorgen machen. Zur Not hilft
ein Hundegeschirr (siehe Ausrüstung).

Dieser Vierbeiner
scheint die Lust am
Wandern verloren zu
haben ...

Unterwegs mit der Bahn

Einige unserer Wanderziele sind auch bequem mit der Bahn erreichbar. Im MVV- und BOB-Bereich
darf ein Hund gratis mitfahren, jeder weitere fällt in den Kindertarif. Kleine Hunde kosten generell
nichts. Für aggressive Hunde, die Fahrgäste gefährden könnten, besteht Maulkorbzwang. Die Deut-
sche Bahn ist in der Reglementierung etwas strenger: Für jeden Hund gilt der Kindertarif, nur Hunde
in der Größe einer Katze kosten nichts; größere Hunde müssen an die Leine und ggf. einen Maul-
korb tragen.

- **Übernachten auf Berghütten**
Für Mehrtagestouren in den Bergen bietet sich die Übernachtung in einer Hütte an. Aus eigener Erfahrung fühlen sich Hund und Hundehalter in einem separaten Raum am wohlsten; manche Hütten bieten zu diesem Zweck auch das Winterlager an. Auch andere Hüttengäste fühlen sich dann nicht gestört. Das Problem ist nur: Einzelzimmer sind auf Hütten rar und vor allem während der Hochsaison rasch ausgebucht. Und viele Hüttenwirte tolerieren selbst dann keine Hunde, wenn sie selbst einen besitzen.

Andererseits findet man beispielsweise unter der Woche problemlos ein Quartier. Voraussetzung ist jedoch das tadellose Verhalten des Hundes. Wenn diesem etwa das Zimmer nicht behagt und in der ungewohnten Umgebung wild zu bellen anfängt, ist der Ärger vorprogrammiert. Auch die Begegnung mit fremden Hunden kann sich als problematisch erweisen. Man sollte sich auf jeden Fall telefonisch beim Hüttenwirt über die Bedingungen vor Ort erkundigen und frühzeitig reservieren. Die in der Tabelle vorgestellten Hütten sind nur eine kleine Auswahl an lohnenden Zielen. Man kann sich also ruhig trauen und weitere Hüttenziele ausfindig machen: Vor allem im Karwendelgebirge, im Berchtesgadener Land und in den Stubaier Alpen gibt es hierfür reichlich Potential. Alternativ zur Berghütte übernachtet man bei einem längeren Aufenthalt im Tal. In den größeren Orten gibt es eine Vielzahl an Quartieren, wo das Übernachten mit Hund kein Problem darstellt. Häufig ist in den Unterkunftsverzeichnissen vermerkt, ob Haustiere willkommen sind (siehe S. 21).

Verhaltensregeln im Gelände

Hunde-Verbotsschilder schießen aus dem Boden wie Pilze nach einem warmen Sommerregen, doch auch in Regionen, wo noch keine stehen, müssen sich die Hundehalter an bestimmte Verhaltensregeln halten. Denn eines ist sicher: Je weniger Beschwerden bei den öffentlichen Ämtern eingehen, desto weniger Verbote werden gegen die Hunde ausgesprochen. Die Regionen, in denen der Hund noch frei herumlaufen darf, sind ohnehin schon eingeschränkt genug.

- **Erstes Gebot: Der Hund darf nicht wildern**
Im Wald muss generell darauf geachtet werden, dass der Hund nicht wildert. Jeglicher Jagdtrieb muss im Ansatz unterbunden werden, auch wenn das Reh noch so verheißungsvoll riecht. Bei Missachtung des generellen Jagdverbots droht dem Hundehalter laut bayerischem Jagdrecht eine Geldstrafe. Und Jäger dürfen den wildernden Hund sogar erschießen, was allerdings selten vorkommt.

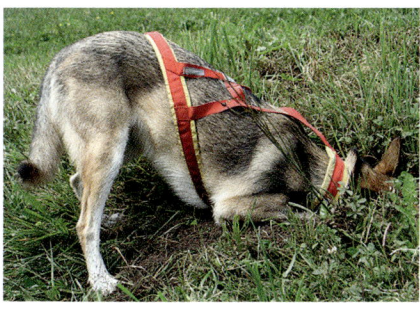

Das Treffen oder
Aufspüren anderer Tiere
löst bei den Hunden
unterschiedliche
Reaktionen hervor.

Aggressive Hunde haben mit Rücksicht auf die empfindliche Fauna, die Jäger und die Bergbauern im Gelände nichts verloren. Im Winter reagieren gejagte Tiere wie junge Hasen, das Rotwild, Gämsen oder Rauhfußhühner besonders empfindlich auf Stress, da sie all ihre Energien dringend für die Futtersuche benötigen. Wer einen Hund hält, sollte auch den anderen Tieren gegenüber seine Tierliebe offenbaren. Am besten behält man seinen Hund immer im Auge, um ihn im richtigen Moment zurückrufen zu können. Wichtig ist, dass der Hund auf den Appell rechtzeitig reagiert: Im Idealfall gehorcht er dem Frauchen oder Herrchen wie der eng am Fuß geführte Ball einem Messi.

• Wann der Hund an die Leine muss

Das Thema, wann ein Hund an die Leine gehört, ist unerschöpflich. Entsprechende Schilder gibt es wie erwähnt zuhauf. Das Hunde-Verbotsschild an der Flusspromenade in Kreuth ist grundsätzlich ernster zu nehmen als jenes mit altdeutscher Schrift versehene, das an irgendeinem Baum in den Bergen fixiert ist. Kein Jäger wird sich an einem Vierbeiner stören, der ohne Jagdtrieb in Sichtweite seines Halters umherläuft. Umgekehrt sind schilderfreie Regionen kein Freibrief für den wildernden Hund.

Vor allem junge, umtriebige Hunde sind schwerer im Zaum zu halten und gehören in Risikogebieten somit an die Leine. Dazu zählen auch Naturschutzgebiete mit ihrer empfindlichen Flora und Fauna. Immer auf der Hut sein muss man, wenn der Hund Witterung aufnimmt und quasi auf dem Sprung ist. Besonders die geruchsintensiven Gämsen sind sehr gefährdet. Als Vorteil kann sich die Leine auch im Steilgelände erweisen, wenn es beispielsweise kleine oder schwere Hunde mit der Angst zu tun bekommen.

An der Almwiese und im Fels sollte die Leine stets in Reichweite sein.

• Begegnung mit dem Weidevieh

Im Sommer 2014 ist in Österreich eine Wanderin von einer Kuhherde bedrängt und getötet worden, als sie mit ihrem angeleinten Hund durch das Weidegebiet spazierte. Auch weitere Zwischenfälle ohne dramatische Folgen wurden bekannt. Was lernen wir daraus? Zunächst macht es Sinn, den Hund anzuleinen, wenn es durch beweidetes Almgebiet geht. Denn die meist friedvollen Kühe fühlen sich durch unsere Vierbeiner, vor allem wenn sie umtriebig und zuweilen bellend durch das Gelände streunen, in die Enge getrieben oder gar angegriffen. Doch selbst angeleint kann es zu Unstimmigkeiten kommen, wenn beispielsweise Kälber – die niemals gestreichelt werden dürfen! – auf der Weide sind und die Mutterkühe ihren Schutzinstinkt walten lassen. Attackieren sie gar Mensch und Tier, ist es besser, den Hund frei zu lassen, damit er flüchten kann. Auch sollte man den Kühen nicht direkt in die Augen schauen, weil sie sich dadurch zusätzlich angegriffen fühlen. Ein ruhiges, bestimmtes und sicheres Auftreten in Verbindung mit einem gebührenden Abstand von 20 bis 50 Metern hilft Unfälle zu vermeiden. Wanderer mit Hunden sollten offene Weideflächen besser umgehen und ihren Begleiter stets anleinen. Drohgebärden der Kühe wie Schnauben, Scharren und das Senken des Kopfes müssen ernst genommen werden.

• Weg mit dem Hundekot

Der Landwirtschaft ist der Hundekot ein Dorn im Auge, weil dieser etwa beim Mähen einer Wiese schnell in den Nahrungskreislauf gelangen kann. Aus diesem Grund sollten die Hundehalter vor allem auf bewirtschafteten Feldern das etwaige „Geschäft" ihres Vierbeiners entfernen. Dass dieses ungeschriebene Gesetz auch für öffentliche Badestellen und Parkanlagen sowie für Kinderspielplätze gilt, versteht sich von selbst.

• Hunde am Wasser

Auch an Seen, an denen Hunde offiziell baden dürfen, ist eine gewisse Rücksichtnahme anderen Badegästen, vor allem Kindern gegenüber, angebracht. Wenn sich der Hund etwa nach dem Bad vor fremden Leuten genussvoll ausschüttelt, ist Ärger vorprogrammiert. Wenn er hingegen andere Leute nicht belästigt, wird kaum jemand den moralischen Zeigefinger erheben. Im Winterhalbjahr, wenn der Badetourismus verschwunden ist, relativiert sich auch ein etwaiges Badeverbot unter Umständen von selbst. Grundsätzlich gilt: wo kein Kläger, da kein Richter. An Flüssen und Bächen gibt es hingegen nie Probleme mit dem badenden Hund. Aus diesem Grund bilden die fließenden Gewässer einen Schwerpunkt in diesem Buch.

Genussvolles Ausschütteln nach der Badeeinheit

Warum stinkt ein nasser Hund?

Nasse Hunde neigen zum Stinken. Zwar schütteln sie sich nach der Badeeinheit ausgiebig, doch eine gewisse Restfeuchtigkeit bleibt. Hochwertig ernährte Tiere stinken grundsätzlich weniger. Ein häufiges Baden oder Schrubben des Vierbeiners hilft hingegen gar nicht, da das Fell auf diese Weise seine natürliche Schutzfunktion verliert. Eine ordentliche „Bürstenmassage" ist wesentlich sinnvoller.

Das bequeme Tragegeschirr hilft auch über Geländestufen hinweg.

Ausrüstung für unterwegs

- ### Leine

  Auf das Mitführen einer Leine kann aus den genannten Gründen kein Hundehalter verzichten. Im Gelände ist eine lange Rollleine für Mensch wie Hund angenehmer als die kurze Leine. Eventuell nimmt man eine Ersatzleine mit.

- ### Tragegeschirr

  Ein Tragegeschirr kommt nicht nur sportlichen Hunden an exponierten Stellen im Gebirge zugute, sondern auch kranken oder gebrechlichen Vierbeinern, um sie beispielsweise stressfrei über eine steile Treppe führen oder auch bequem ins Auto heben zu können. Im Gegensatz zur Leine liefert das verstellbare Geschirr durch den gepolsterten Brust- und Bauchgurt eine bessere Verteilung des Drucks beim Ziehen und unterbindet somit das Würgen des Hundes. Außerdem ist das reißfeste Nylon absolut ausbruchsicher und somit die perfekte Verbindung zwischen Mensch und Hund. Als Befestigung der Leine am Menschen könnte ein leichter Klettergurt von Vorteil sein – mit einem Karabiner eingeklinkt ist der Zugpunkt auf Hüfthöhe ideal und man hat die Hände frei für z.B. Wanderstöcke oder leichte Kletterpassagen. Die perfekte Lösung für mehr Sicherheit, Stabilität und Komfort liefert das Web Master Harness™ Geschirr von Ruffwear, das man am besten nach kompetenter individueller Beratung in einem Fachgeschäft erwerben sollte.

• Funktionskleidung

Oft belächelt, aber in vielen Fällen sinnvoll ist die Funktionsbekleidung für den Hund. Bei einem Regenschauer, Schnee und Sturm etwa kann auch ein Hund schnell frieren. Die gleichermaßen wasser- und winddichte wie wärmende und atmungsaktive Softshell Jacke etwa kann sich vor allem bei ausgedehnten Wanderungen in den Bergen als nützlicher Begleiter erweisen; sie ist strapazierfähig und maschinenwaschbar. Aber auch eine Fleecejacke oder ein Regenmantel ist in manchen Situationen Gold wert. Bei scharfem Fels oder Geröll sowie bei Bruchharsch beugen Hundeschuhe vor etwaigen Verletzungen an den Pfoten vor.

• Gassisäckchen

Leider gibt es der öffentlichen Diskussion zum Trotz immer noch viel zu wenig Hundestationen (Dog Stations), wo man eine Tüte für die Beseitigung des Hundekots herausziehen und anschließend entsorgen kann. Öffentliche Papierkörbe für die Entsorgung sind ohnehin Mangelware. In jedem Fall gehören sogenannte Gassisäckchen mit in das Gepäck.

Für Hunde, die leicht frieren, kann ein Mäntelchen sehr angenehm sein.

• Verpflegung unterwegs

Der Hund hat genauso Hunger und Durst wie wir Menschen. Zwar stoßen wir bei den meisten Wanderungen spätestens nach ein bis zwei Stunden auf eine ergiebige Wasserquelle, doch vor allem an heißen Sommertagen reicht dies unter Umständen nicht aus. Bei längeren Bergwanderungen empfiehlt es sich ohnehin, eine Wasserflasche und einen Faltnapf mitzunehmen. Was der Hund unterwegs frisst, weiß jeder Hundehalter selbst am besten. Bewährt hat sich beispielsweise Trockenfutter. Und nicht zu vergessen: Bei tadellosem Gehorsam darf die eine oder andere Belohnung nicht fehlen.

• Die kleine Hunde-Apotheke

Die Wahrscheinlichkeit, dass sich der Hund bei einer Wanderung verletzt, ist größer als beim Menschen. Mit herumliegenden Glasscherben etwa hat der Schuhe tragende Mensch keine Probleme. Auch kann es durchaus mal zu einer Rauferei unter Hunden kommen, die eine Blessur verursachen kann. Grundsätzlich findet das für sich selbst mitgeführte Erste-Hilfe-Set aus Mullbinden, elastischen Binden, wasserfestem Klebeband, synthetischer Polsterwatte, Verbandsschere, Einmalhandschuhe und Rettungsdecke auch beim Hund Anwendung. Da Zecken bis auf eine Höhe von 2000 Metern vorkommen, ist eine Pinzette auch für Bergwanderungen angebracht. Außerdem können Desinfektionsmittel, Augensalbe, Heil- und Wundsalbe sowie Schmerztabletten Abhilfe leisten. Wer zu hundert Prozent auf Sicherheit bedacht ist, hat auch die Telefonnummer des Tierarztes oder der nächsten Tierklinik dabei.

Die Schönfeldhütte
oberhalb des
Spitzingsees bietet
ein Einzelzimmer für die
Übernachtung mit
dem Hund.

Übernachtungstipps für Hundebesitzer auf Berghütten

Bitte beachten Sie: Eine telefonische Absprache mit den Hüttenleuten ist in jedem Fall erforderlich!

Berghütten (Auswahl)

	Tel.	Web	Kapazität	Tour-Nr.
Bründlingalm	0 86 62 - 82 31	www.bruendling.de	EZ mit Hund	
Carl-von-Stahl-Haus	0 86 52 - 655 99 22	www.alpenverein.at/ carlvonstahlhaus	spez. Hundezimmer	
Halleranger Haus	+43 - 720 - 34 70 28	www.hallerangerhaus.at	24 ML	36
Kärlingerhaus	0 86 52 - 609 10 10	www.kaerlingerhaus.de	max. 3 Hunde pro Nacht im WR	
Kenzenhütte	0 83 68 - 390	www.kenzenhuette.de	Extra-Zi.	
Meilerhütte	01 71 - 522 78 97	kein Internet	im DZ	
Otto-Mayr-Hütte	+43 - 56 77 - 84 57	www.ottomayrhuette.at	„Hundesuite" im Benno-Helf-Hüttle	
Priener Hütte	0 80 57 - 428	www.prienerhuette.de	52 BL 24 ML	
Schönfeldhütte	0 80 26 - 74 96	www.schoenfeldhuette.de	EZ mit Hund	
Schwarzrieshütte	+43 - 720 51 24 19	www.schwarzries.at	16 Schlafplätze	
Tutzinger Hütte	01 75 - 164 16 90	www.dav-tutzinger-huette.de	Vierer-BL	
Westfalenhaus	+43 - 664 - 788 08 75	www.westfalenhaus.at	im eigenen Zi.	37

Weitere Adressen: www.mein-wanderhund.de

BL = Bettenlager, ML = Matrazenlager, ZL = Zimmerlager, EZ = Einzelzimmer, WR = Winterraum

Übernachtungstipps für Hundebesitzer im Tal

Taladressen (Auswahl)

Fünfseenland mit Ammersee

Ferienbungalow Villa Donna, Stefan-Dietrich-Str. 6, 86919 Utting am Staffelsee, Tel. 0 88 06 - 75 51, villadonna@t-online.de, www.villadonna-ferienbungalow.de, Tiere immer herzlich willkommen, Tour 8

Imma Hafenbrädl, Fritz-Erler-Str. 3, 86919 Utting am Staffelsee, Tel. 0 88 06 - 95 70 88, imma@immas-welt.com, www.immas-welt.com, Tour-Nr. 8

Lindenhof Klas, Römerfurt 6, 86949 Windach, Tel. 0 88 06 - 921 20, www.lindenhofklas.de, Hunde nach Absprache, Tour-Nr. 9

Weitere Adressen Ammersee-Region: www.ammersee-region.de / z-urlaub-hundefreundlich.html

Werdenfelser Land

Hundehotel Wolf, Dorfstr. 1, 82487 Oberammergau, Tel. 0 88 22 - 923 30, info@hotel-wolf.de, www.hotel-wolf.de, Hundeduschen, Hundesporthallen etc., Tour-Nr. 21

Hotel Garni Edlhuber, Innsbrucker Str. 33, 82481 Mittenwald, Tel. 0 88 23 - 13 89, info@edlhuber-mittenwald.de, www.edlhuber-mittenwald.de, Tour-Nr. 12

Tölzer Land

FW Grasmüllerhof, Gilgenhöfe 26b, 83661 Lenggries, Tel. 0 80 42 - 88 52,
www.ferienwohnung-lenggries.de / fewo_grasleiten.html, Tour-Nr. 23

FW Demmelspitz, c/o Gästehaus zum Jäger, Sylvensteinstr. 16, 83661 Lenggries, Tel. 0 80 42 - 36 95,
Spazierwege zum Gassigehen in der Nähe, Tour-Nr. 23

FW Vogl-Haus, Kyreinweg 16, 83661 Lenggries, Tel. 0 80 42 - 97 81 67, www.vogl-haus.de,
lange Spaziergänge ab Haus, Tour-Nr. 23

FW am Lahnerbach, Am Lahnerbach 1A, 83661 Lenggries, Tel. 0 80 42 - 41 16,
www.ferienwohnungen-lahnerbach.de, Tour-Nr. 23

FW Gilg, Point 13 1/3, 83676 Jachenau, Tel. 0 80 43 - 390, Tour-Nr. 22

Weitere Adressen im Tölzer Land: www.traum-ferienwohnungen.de / urlaubsideen

Tegernsee / Schliersee

Arabella Alpenhotel Am Spitzingsee, Seeweg 7, 83727 Schliersee, Tel. 0 80 26 - 79 80,
www.arabella-alpenhotel.com, u.a. Willkommensgruß auf dem Zimmer, Tour-Nr. 28

Hunde Landhaus Tanneneck, Prof.-Kleiber-Str. 7, Tel. 0 80 23 - 10 56

Gästehaus Adamski, Bayrischzeller Str. 8, Tel. 0 80 26 - 710 35, 83727 Schliersee

FW Gutshof Achatswies, Achatswies 1, 83730 Fischbachau, Tel. 0 80 28 - 60 41 0 10,
www.gutshof-achatswies.de, Tour-Nr. 17

FW Tanzeck, Tanzeckstr. 1, 83727 Schliersee, Tel. 0 80 26 - 711 68, ubelackerkurt@live.de,
Gassiwege ab Haus mit Dog-Station, Tour-Nr. 28

FW Seipler, Ankelbachweg 1, 83727 Neuhaus, Tel. 08026 - 925 71 90, ferienhaus@gaestehaus-seipler.de,
www.gaestehaus-seipler.de, tierliebe Vermieter selbst mit Hunden

Ferienhaus Angela, Farnleitenweg 9, 83730 Fischbachau, Tel. 0821 - 784 99 83,
Vermieterin selbst mit Hund, Tour-Nr. 17

FW Palace am See, Münchner Str. 20, 83684 Tegernsee, Tel. 01 79 - 696 50 00,
maike.fleischer@me.com, Tour-Nr. 25

Apartment Waldblick und Tegernseeblick, Tel. 0 17 87 - 79 90 01, 83684 Tegernsee, Bettina Schön

Weitere Adressen im Raum Tegernsee / Schliersee: www.traum-ferienwohnungen.de / urlaubsideen

Chiemgau und Berchtesgadener Land

Hundehotel Sattler, Maierstetten 1, 83342 Tacherting, Tel. 0 86 22 - 91 94 66, www.hundehotel-sattler.de,
Tour-Nr. 33

FW Emmi, Osterham 12, 83233 Bernau, Tel. 01 52 - 21 90 17 15

Gut Ising Chiemsee, Kirchberg 3, 83339 Chieming, Tel. 0 86 67 - 790, www.gut-ising.de

Landhaus Pretzner, Unterbergstr. 15, 83242 Reit im Winkl, Tel. 0 86 40 - 79 82 46, www.landhaus-pretzner.de

Gästehaus Flora, Dorfstr. 23, 83242 Reit im Winkl, Tel. 0 86 40 - 88 05, www.gaestehaus-flora.de

Weitere Adressen im hundefreundlichen Ort Reit im Winkl: www.reitimwinkl.de

FW = Ferienwohnung

Das eigene Hunde-
bettchen dabei – da
freuen sich Vermieter
und Vierbeiner!

Einfache Spazier- und Wanderwege

Nur der Schwan faucht

Im Isartal zwischen Tierpark und Großhesselohe

Hexi kann keiner Fliege etwas zuleide tun, selbst auf dem heimischen Sofa kuschelt sie gern mit Katze Mauzi und Kater Maxi. Auch die Wasservögel im Isartal bringen sie nicht aus der Fassung. Als sie ganz brav am Ufer der Floßlände entlangspaziert, wird sie ohne Vorwarnung von einem eitlen Schwan angefaucht. Welch unflätige Begrüßung an diesem sonnigen Oktobertag, an dem eigentlich alle Tiere nach den vielen Nebeltagen gute Laune haben sollten. Hexi ignoriert den Schwan und freut sich mit zahlreichen anderen Hunden über den Auslauf im Isartal.

Während der Schwan beim Anblick von Hexi in Rage ist ...

... bleibt das Entenpaar an der Floßlände ganz cool.

Route	Floßlände → Marienklause → Großhesseloher Brücke → Tierparkbrücke → Floßlände
Anfahrt	
	U-Bahnlinie U 3 Station Tierpark Hellabrunn
Auto	Von der Tierparkbrücke Hellabrunn am Westufer der Isar auf der Zentralländstraße ca. 1 km südwärts
Start	Großer Parkplatz gegenüber Restaurant Zur Floßlände, N 48.095366°, E 11.546888°
Charakter	Auf den meist direkt am Isarwasser entlangführenden Wegen und den angrenzenden Wiesen finden die Hunde reichlich Auslauf. Mit der Überschreitung der Großhesseloher Brücke ist ein kleiner Anstieg verbunden.
	Isar oder Isarkanal sind immer in der Nähe.
	Bei der Überquerung der befahrenen Thalkirchnerbrücke
Wegweiser	Die beschriebenen Wege sind nicht beschildert, was bei der eindeutigen Orientierung kein Nachteil ist.
	Floßlände, Zentralländstr. 30, Tel. 0 89 - 54 04 36 06, Mo + Di Ruhetag, www.villa-flosslaende.de; Kiosk an der Floßlände und unter der Großhesseloher Brücke (im Winterhalbjahr nur bedingt)
Karte	Falkplan München

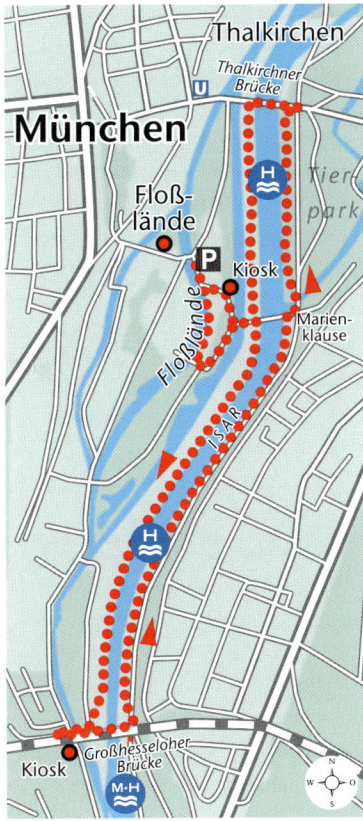

D a Hexis beste Freundin, die Zwergpudeldame Sindi, an diesem Tag verhindert ist, ist sie für andere Bekanntschaften noch offener als sonst. Unabhängig von der Größe versteht sie sich mit allen Hunden auf Anhieb. Auch fremden Menschen gegenüber zeigt sie sich aufgeschlossen, jedenfalls lässt sie sich von jedem streicheln. Ihre Anhänglichkeit und Gutmütigkeit weiß ihr Frauchen Lisbeth jeden Tag neu zu schätzen.

Hunde-Eldorado im Isartal

Die Isar eignet sich wie kein zweiter Fluss für die Genusswanderung mit dem Hund, im gesamten Großraum München gibt es auch abseits der frequentierten Radrouten viele Wege und Pfade entlang der weitläufigen Ufer. Zwischen dem Tierpark Hellabrunn und der Großhesseloher Brücke etwa mag man angesichts des weitgehend naturbelassenen Tals kaum glauben, dass man sich in der Nähe einer Großstadt befindet. Und problemlos könnte man die Wanderung in Richtung Stadtzentrum oder Grünwald fortsetzen.

Hexi im bunten
Herbstlaub

Das Isartal zwischen
Marienklause und
Tierparkbrücke

Als Startpunkt eignet sich die Thalkirchner Floßlände
mit ihrem großen Wanderparkplatz. Im Sommer herrscht hier
Hochkonjunktur an ankommenden Flößen. Während sich die
Passagiere in alle Richtungen verabschieden, werden die aus
mächtigen Baumstämmen bestehenden Flöße in ihre Bestandteile zerlegt und per Lastwagen zum Ausgangsort Wolfratshausen
zurückbefördert. Außerhalb der Saison betrachten die Schwäne
den Seitenarm der Isar wohl als ihr alleiniges Revier, was das un-
vermittelte Fauchen Hexi gegenüber ein wenig erklären würde.

Genusswege an der Isar

Zwiegespräch zwischen
Frauchen und Hund

Von der Floßlände folgen wir dem Weg zur südlich angrenzenden Brücke und entlang des Isarkanals nordwärts zum Marienklausensteg. Die Brücke ist nach der am östlichen Ufer stehenden,
aus Fichten- und Birkenholz erbauten Kapelle benannt. Wir
wandern jedoch zunächst am Westufer der Isar zwischen Fluss
und parallel verlaufendem Kanal in Richtung Süden. Praktischer-
weise führt direkt von der Brücke ein Weg in das breite Isarbett.
An mehreren Stellen lädt das Kiesbett zu einem kühlen Wasser-
bad ein. Man wandert entweder direkt am Wasser oder über die
angrenzenden Wiesen. Hier sind vor einigen Jahren zahlreiche
Bäume und Büsche der Isar-Renaturierung zum Opfer gefallen.

Wendepunkt Großhesseloher Brücke

Bald taucht die Großhesseloher Brücke auf, die das Isartal
in luftiger Höhe überspannt. Um auf die Eisenbahn- und Fußgängerbrücke zu gelangen, überquert man erst den Isarkanal
und steigt dann die Teerstraße empor; im Verlauf des Anstiegs
zweigt nach links unser Treppenweg ab. Man überquert die

Brücke mit schönem Blick auf München und das sogenannte Plateau, hält sich anschließend rechts und steigt wiederum auf einem Treppensteig in das Isartal ab.

Je nach Geschmack wandert man auf Wegen oder querfeldein zurück zum Marienklausensteg. Weiter geht es Richtung Norden zwischen Isar und Tierpark zur Tierparkbrücke; hier sollte man aufgrund der Radfahrer den Pfad im Flussbett entlangwandern. Die Tierparkbrücke wird nur zur Hälfte überquert, dann führt der Weg zwischen Isar und Kanal zur Floßlände zurück.

Keine Angst vor anderen Tieren

Im Vergleich zu seinem Kopf und Körper hat der Dackel recht kurze Beine, weshalb der Bauch bei gut gefütterten Tieren schon einmal bis zum Boden durchhängen kann. Dafür ist er ein geschickter Dachsjäger, weshalb er auch seinen Namen bekam. Bei der Jagd kommt ihm sein muskulöser Körperbau und sein selbstbewusstes Wesen zugute. Wer sich von einem Dachs nicht einschüchtern lässt, hat naturgemäß auch vor einem fauchenden Schwan keine Angst. Rauhaardackel Hexi hat diese Mutprobe jedenfalls souverän gemeistert. Doch der Dackel ist kein Modehund mehr: Seit 1996 gingen die Geburtenzahlen um fast 40 Prozent zurück.

Herbstimpression
am Isarkanal

Spritztour im Isartal

Rundtour zwischen Ickinger Wehr und Kloster Schäftlarn

Sheila liebt das Wasser, je mehr es spritzt, desto besser. Wo immer das erfrischende Nass in Fontänen oder gar Kübeln auf sie niederprasselt, ist sie außer sich vor Freude. So gesehen ist die Isar bei Icking ihr ideales Terrain. Denn wenn sie von den breiten Kiesbänken Anlauf nimmt und in vollem Tempo in den Fluss sprintet, spritzt das Wasser hemmungslos in alle Richtungen wie Funken am lodernden Feuer.

Am Ickinger Stauwehr gehen Stephanie und Sheila des öfteren spazieren.

Doch bevor es mit dem spritzenden Wasser so weit ist, müssen Sheila und ihr Frauchen Stephanie vom Wanderparkplatz beim Reitstall Stephanie – die Namensgleichheit ist dem Zufall geschuldet – noch durch den Wald zum Ickinger Stauwehr absteigen; nach wenigen Metern zweigt links ein Pfad vom Hauptweg ab! In den Wintermonaten ist nicht auszuschließen, dass Sheila fremdartige Gerüche in die Nase steigen. Denn dann führt der ansässige Circus Crocofant zuweilen seine Elefanten Miry und Betty spazieren, und das direkt auf unseren Wegen! Die aus Simbabwe stammenden Dickhäuter kommen mit der kühlen Witterung gut zurecht.

Rundtour im Isartal

Nach Überqueren des Stauwehrs breiten sich nordwärts die weitläufigen Kiesbänke aus, auf denen Sheila das Isarwasser in Sprungweite sprudeln sieht. Immer wieder stürzt sie sich in die kühlen Fluten, um nach einem von Stephanie in das Wasser geworfenen Stock oder Stein zu suchen. Da der eigentliche Wanderweg (Wegweiser „Isar-Erlebnispfad") parallel zum Fluss verläuft, kann man ein gutes Stück auf dem Kies verweilen, um an geeigneter Stelle auf einem Stichweg zur Hauptroute zurückzukehren.

An den vier Vogel-Holzpfählen kann man alternativ zum Naturlehrpfad auf den aussichtsreichen Kanaldammweg ausweichen; beide Wege treffen kurz vor dem Bruckenfischer wieder aufeinander. Hinter der Einkehr überquert man links die Dürnsteiner Brücke und biegt abermals links in den für Reiter verbotenen Weg. An der folgenden Gabelung folgt man nicht dem breiten Weg, sondern links dem in das Isardickicht führenden Pfad. Nach heftigem Regen oder längerer Feuchtperioden sollte man spätestens an dieser Stelle umkehren, da die schmierigen Wegpassagen und großen Wasserpfützen auf der engen Wegtrasse kaum zu umgehen sind.

Der gut drei Kilometer lange Pfad windet sich in zahlreichen Kurven durch die dichte Buschbotanik und führt abschnittweise direkt an die Isar. Im Gegensatz zur anderen Seite fehlt es hier aber an einladenden Kiesbänken. Man stößt auf einen breiteren Weg, hält sich dort links und erreicht in der Nähe des Stauwehrs die bekannte Route. Direkter als der Forstweg führt der rechts abzweigende Pfad zurück zum Parkplatz.

Route	Icking → Ickinger Stauwehr → Bruckenfischer → Icking
Anfahrt	Von München mit der S 7 nach Icking
Auto	A 95 Ausfahrt Schäftlarn, auf der B 12 nach Icking und im Ort links in den Isarweg abbiegen; Parkplatz unterhalb des Reitstalls Stephanie
Start	Isarweg, 82057 Icking, N 47.9507°, E 11.4394°
Charakter	Abwechslungsreicher, in Abschnitten schattiger Rundweg im Isartal. Bei viel Feuchtigkeit ist der enge Pfad am Westufer nicht zu empfehlen; alternativ wandert man vom Bruckenfischer wieder zwischen Isar und Kanal zurück.
	Die Isar bleibt während der gesamten Wanderung in Reichweite; Ickinger Stausee: Start: Parkplatz unterhalb des Reitstalls Stephanie, N 47.949193°, E 11.439364°
	Da ein Großteil der Wege im Natur- und Landschaftsschutzgebiet Isarauen verläuft, ist die Wanderung nur für wohlerzogene Hunde ohne ausgeprägtem Jagdtrieb geeignet.
	Gasthaus Aumühle, Tel. 0 81 71 - 43 51, So/Mo Ruhetag, www.gasthaus-aumuehle.de; Bruckenfischer, Dürnstein 1, Egling, Tel. 0 81 78 - 36 35, täglich ab 10 Uhr, www.bruckenfischer.de
Karte	Kompass-Wk Nr. 0180, Fünfseenland – Lk. Starnberg, 1:50.000; kostenloser Flyer NSG Isarauen in einem Kasten am Beginn des Naturlehrpfads

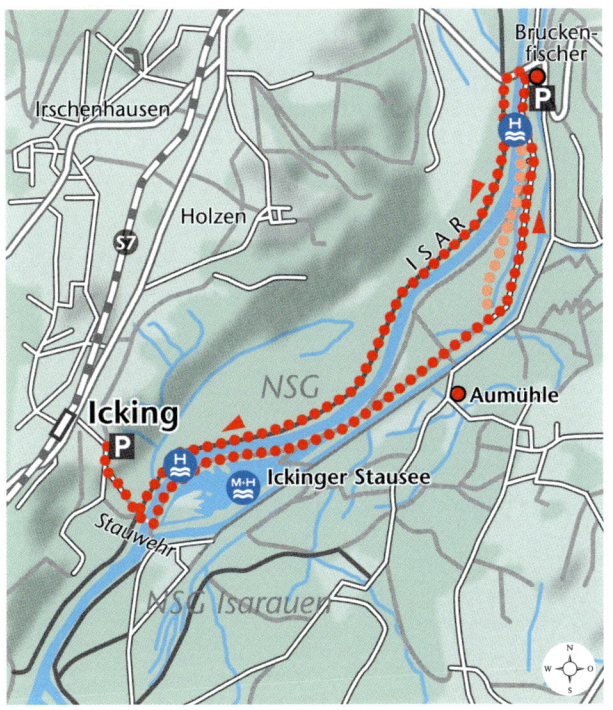

Dalmatiner mit Bewegungsdrang

Am Amperufer zwischen Dachau und Feldgeding

Ein Dalmatiner braucht viel Auslauf, mindestens zwei Stunden pro Tag sollten es schon sein. Früher ließ man den ausdauernden Hund zum Schutz gegen Räuber gar neben Kutschen herlaufen. Andererseits passt er sich gerne den Bedürfnissen des Menschen an. Apportieren, spielen oder einfach nur kuscheln macht ihm ebenso viel Spaß wie der Auslauf oder die Schwimmeinheit. Durch den Walt-Disney-Klassiker „101 Dalmatiner" ist er übrigens auch bei Kindern sehr beliebt.

Sybille, Ash Grove und Lupo haben viel Spaß miteinander.

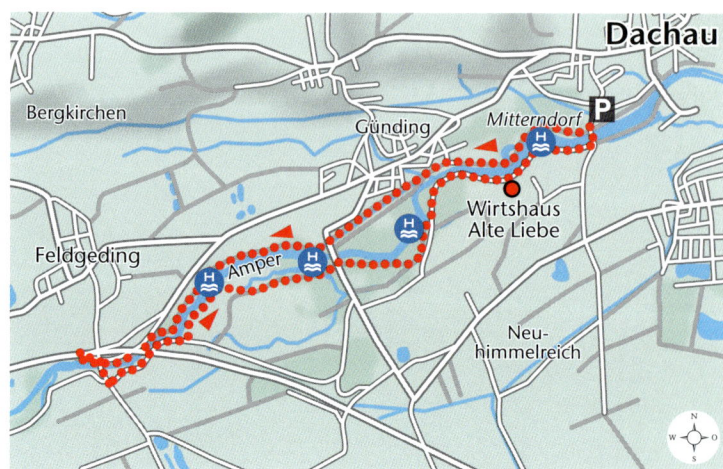

Schwierigkeitsgrad 🐾 **Gehzeit** 2 ½ Stunden **Strecke** 9 km

3

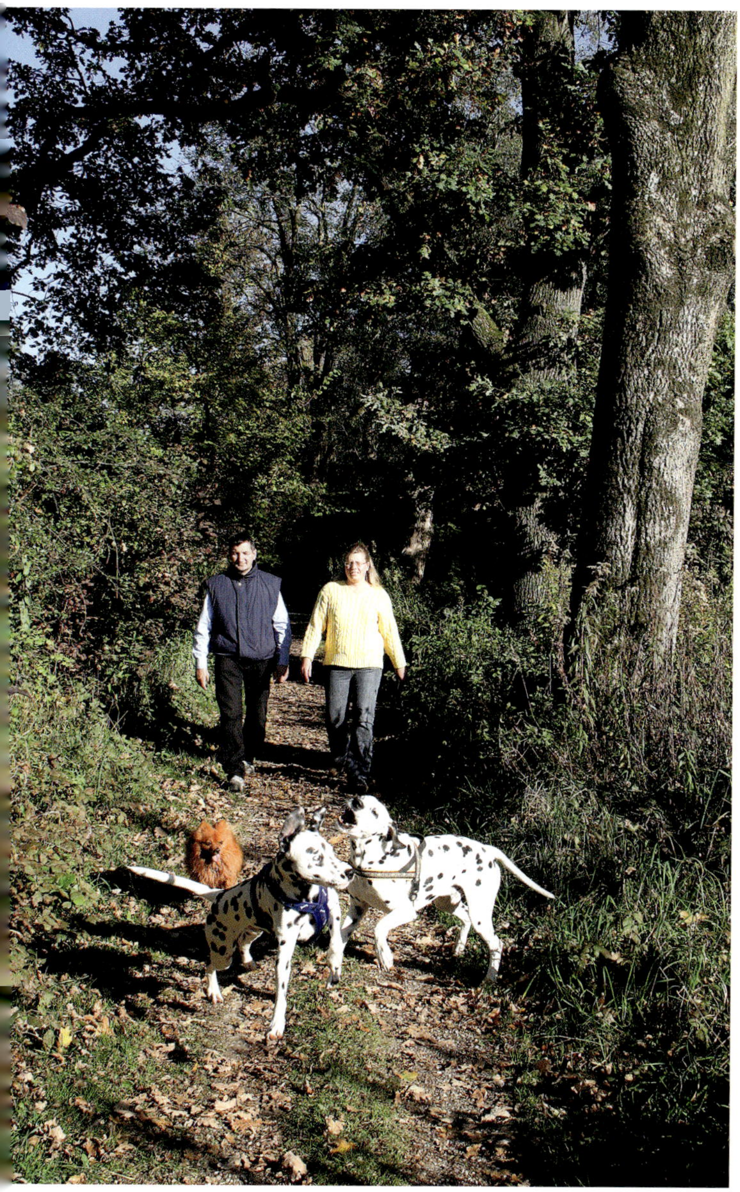

Route	Dachau (Mitterndorf) → Brücke Feldgeding → Dachau
Anfahrt	
Auto	A 8 Ausfahrt Dachau / Fürstenfeldbruck, B 471 Richtung Dachau und St2339, in Mitterndorf rechts in die Heinrich-Nicolaus-Straße, Parkplätze an der Amper
Start	Heinrich-Nicolaus-Straße, Mitterndorf bei Dachau N 48.2529°, E 11.4170°
Charakter	Die Wanderung verläuft ohne Steigungen stets am Amperufer. Der enge Pfad zwischen der Flussbrücke bei Günding und der Flussbrücke bei Feldgeding ist nur bei trockenen Bedingungen zu empfehlen. Abschnittweise sind die Radfahrer zu beachten.
	Die Amper ist stets präsent, allerdings ist die Strömung zum Teil stark. Neben dem Fluss gibt es vereinzelt auch Nebenbäche und Tümpel.
	Brückenübergänge bei Mitterndorf und Feldgeding, kurze Passagen auf Ammer-Amper-Radweg
Wegweiser	Wechselweise Ammer-Amper-Radweg und weiß-grünes Wanderdreieck auf dem Rückweg
	Wirtshaus Alte Liebe an der Amper, Im Lus, Dachau, Tel. 0 81 31 - 66 71 31, www.alteliebe.de
Karte	Kompass-Wk Nr. 190, Augsburg – Dachau – FFB, 1:50.000

Idyllischer Wanderweg am Amperufer

Hundehalterin Sybille träumte seit ihrer Jugend vom Besitz zweier Dalmatiner. Den ersten, Lupo, holte sie sich zu Schulzeiten aus dem Tierheim, nachdem sie mit ihm spazieren gegangen war und die ehemalige Besitzerin ihn dorthin abgeschoben hatte. Der zweite, Ash Grove, stieß erst Jahre später hinzu, als die eigene Wohnung groß genug war. Zusammen mit Kleinspitz Elliot von den kleinen Frechdachsen, den Sybille zwischendurch erworben hatte, bilden Lupo und Ash Grove ein gut eingespieltes Rüden-Trio.

Buntes Blätterdach über
dem Amperwasser

Unterwegs im Ampertal

Elliot ist entgegen sonstiger Spitz-Gewohnheiten die „Wasser-ratte" schlechthin, selbst die rasch fließende Amper kann seinen Badeeifer kaum bremsen. Über-haupt macht er einen sehr auf-geweckten Eindruck, gespannt wartet er auf Signale und Anweisun-gen von Sybille, die ihn momentan ausbildet. Auch Lupo und Ash Grove freuen sich über den Auslauf im Ampertal, und wenn sich der orangefarbene Spitz durch die Büsche zum Wasser begibt, schwän-zeln sie ihm neugierig hinterher. Dabei ist Ash Grove deutlich vitaler als sein um gut acht Jahre älterer Artgenosse.

Der Reiz dieser Wanderung liegt in der steten Nähe zur Amper, die meist von üppiger Ufervegeta-tion umgeben ist. Von der Mittern-dorfer Brücke (Start: Heinrich-Nico-laus-Straße) geht es in südwestlicher Richtung flussaufwärts bis Feld-geding, der Rückweg erfolgt am anderen, nordöstlich ausgerichteten Ufer. An den zwei Weggabelungen hält man sich jeweils links. Die kleine Brücke am Dachauer Wan-derheim führt jedoch in Vogel-Brutgebiet, folglich wandern wir geradeaus. Ash Grove und Lupo verspeisen hier mit Appetit einige Eicheln. Lupo hat früher als Reakti-on auf sein Leberleiden Holz gefres-sen, aber weshalb jetzt die Eicheln so gut schmecken, weiß auch Sybille nicht. Unterwegs füttert sie die Hunde statt mit normalen Hunde-Leckerli mit Käsestückchen, weil Lupos Allergie eine spezielle Ernährung erfordert.

An der Brücke bei Günding folgt der schönste Strecken-abschnitt der Tour: Der unmarkierte, teils verwachsene Pfad führt einsam durch die Amperauen. Bei Feldgeding wandert man erst durch beide Brücken hindurch, um kurz darauf auf dem Teerweg zu Letzterer zurückzukehren. Jenseits der Brücke geht es links auf den Ammer-Amper-Radweg, nach der Unterführung der B471 auf schönem Wanderweg am Amperufer entlang. Hinter der Amperwehranlage Günding, an der als Wanderhilfe für Fische ein Umgehungsbach errichtet wurde, kann man die Brücke auf dem Pfad unterqueren, dann erreicht man am zunehmend breiteren Fluss den Ausgangsort.

Nord-Süd-Gefälle

Wer sich einen Dalmatiner anschaffen will, sollte das Nord-Süd-Gefälle hinsichtlich der Preise beachten: Während in Bayern und vor allem in Österreich Summen von 1500 EUR keine Seltenheit sind, kosten die schönen Tiere etwa in Norddeutschland bedeutend weniger. Allerdings sollte nicht an falscher Stelle gespart werden: Da viele Dalmatiner taub auf die Welt kommen, ist der Kontakt eines vertrauenswürdigen Züchters gewiss von Vorteil.

Rundgang durch den Olchinger Vogelpark

Nur wenige Kilometer südwestlich unserer Amperrunde beherbergt der Olchinger Vogelpark 600 Vögel aus der ganzen Welt. Seit vielen Jahren kümmern sich hier die Mitglieder des Vereins „Vogelliebhaber Olching und Umgebung" liebevoll um das Federvieh, das von überforderten Besitzern stammt, als Schmugglerware aus fernen Ländern konfisziert oder in krankem Zustand angeliefert wurde. Die Tiere leben in Volieren, Pavillons, Freigehegen und Weiherbiotopen inmitten einer naturbelassenen Auenlandschaft. Ornithologen und alle Vogelfreunde sind von der Artenvielfalt begeistert. Auch für Hunde ist ein Abstecher in den Vogelpark allein wegen der Gerüche interessant. Die Olchinger Hundeschule hat diesen Ort gar für die Charakterschulung der Vierbeiner auserkoren. Und nach dem Rundgang kann man im nahen Park sehr schön spazieren gehen.

Vogelpark Olching, Toni-März-Str. 1, Tel. 0160-9802 4150, geöffnet sonn- und feiertags April bis Oktober 10–17 Uhr, Eintritt: Erwachsene 5 EUR, Kinder 4–14 Jahre 3 EUR, Hunde kosten nichts, www.vogelpark-olching.de

Der Nandu oder Pampasstrauß stammt aus der südamerikanischen Grassteppe.

Emil auf Mäusejagd

Rundweg bei Ampermoching und Mariabrunn

Mariabrunn ist einer der beliebtesten Pilgerorte des Münchner Nordens. Viele Hundebesitzer verbinden die Einkehr in der Schlosswirtschaft mit einem kleinen Feldspaziergang bei Ampermoching. Auf diese Weise kam auch der abricotfarbene Pudel Emil, drei Jahre jung, voll auf seine Kosten, indem er den an diesem Sommertag zahlreich umherwuselnden Wühlmäusen nachstellte. Sein Frauchen blinzelte derweil vergnügt in die Abendsonne und stellte selbstzufrieden fest: „Früher hatte ich auch so eine Frisur wie mein Emil".

Was führt Emil wohl im Schilde?

Kaum entfernt man sich von der Biergarten-Stammstrecke, ist man mit sich und seinem Hund weitgehend allein. Dabei ist die leicht hügelige Landschaft zwischen Ampermoching und Röhrmoos auch für ausgedehntere Spaziergänge wie geschaffen.

Von Ampermoching in weiter Schleife nach Mariabrunn

Gegenüber der Dorfkirche führt die Weiherstraße an den südlichen Ortsrand von Ampermoching. Nach der Bachbrücke biegt man rechts in die Selackerstraße, die am Dorfweiher endet. Hinter dem Weiher ist ein Wiesenpfad zu erkennen, der später in einen breiteren Weg übergeht. In unmittelbarer Nähe breiten sich Kartoffel- und Maisfelder aus. An der T-Kreuzung geht es rechts zu einem Holzkreuz mit der Aufschrift „Gott schütze Mensch, Tier, Feld und Flur". Vom Kreuz wandert man direkt auf den Ort Unterweilbach zu, der sich hinter der im Jahr 2002 errichteten Bahntrasse verbirgt.

Die Roßwachtstraße führt in das verschlafene Dorfzentrum von Unterweilbach. Im Ort biegt man links in die Röhrmooser Straße, am Ortsende rechts in den Sommerhausweg. Parallel zur ehemaligen, bereits von der Botanik überwucherten S-Bahnlinie wandert man nun in Richtung Norden. In Sicht- und Hörweite rauschen die Intercity-Züge vorbei. Bei Kilometer 25 unterquert man die neue Bahntrasse und hält sich erst am Waldrand, dann kurz auf dem Teerweg in Richtung Röhrmoos. Die finale Strecke durch den Wald nach Mariabrunn ist beschildert.

Bier statt Heilwasser

Einer Legende nach ist Mariabrunn durch die wundersame Heilung des Georg Schlairböck entstanden. Demnach trank der Mann im Jahre 1662 hastig aus einer Wasserquelle, die er beim Holzhacken entdeckt hatte, was seine durch einen Bruch hervorgerufenen Schmerzen rasch linderte. Heute haben die Pilger statt Heilwasser eher das süffige Bier im Sinn. Verlief die Wanderung aus Hundesicht mangels Artgenossen bislang eher wenig aufsehenerregend, steigert sich die Hundefrequenz ab dem Biergarten ganz erheblich. Hier liegen die Vierbeiner zwar meist müde unter den Tischen, doch spätestens auf dem angrenzenden Feld beginnt die intensive Kontaktaufnahme. Während also Pudel Emil andere Hunde beschnuppert und Wühlmäuse jagt, genießen die Menschen den schönen Blick in Richtung München. Auf der Anhöhe hält man sich links und erreicht auf einem Plattenweg rasch das nahe Etappenziel Ampermoching.

Wanderweg bei Unterweilbach

Route	Ampermoching → Unterweilbach → Röhrmoos → Mariabrunn → Ampermoching
Anfahrt	Röhrmoos ist mit der S-Bahn (S 2 Richtung Petershausen) erreichbar, bis zum Einstieg in den Rundweg am Südrand des Ortes sind etwa zwei Kilometer zu bewältigen.
Auto	A92 uns B 471 bzw. B 304 nach Dachau; nördlich des Dachauer Schlossbergs zweigt die St2339 nach Ampermoching ab. Parkplatz unterhalb der Dorfkirche
Start	Ecke Schul-/Kirchenstraße, N 48.3061°, E 11.4867°
Charakter	Zwischen Ampermoching und Unterweilbach wandert man über freie Felder mit weitem Blick, dann geht es bis Mariabrunn zunehmend in den Wald. Keine nennenswerten Anstiege.
	Dorfweiher bei Ampermoching, Sietenbach auf dem Weg nach Unterweilbach, Lotzbach und kleiner Weiher bei Röhrmoos
	im Ortsgebiet von Ampermoching und Oberweilbach, im Biergarten von Mariabrunn
Wegweiser	Mariabrunn ist von Röhrmoos aus beschildert, in diesem Bereich sind auch Radler unterwegs.
	Schlosswirtschaft Mariabrunn, Tel. 0 81 39 - 86 61, Mo und Di Ruhetag, Biergarten ab 11 Uhr bei schönem Wetter geöffnet, www.schlosswirtschaft-mariabrunn.de
Karte	UK 50-40 München Nord und West, 1:50.000

Moorsee und Alpenblick

Reizvolle Wege zwischen Steinsee und Adling

Die weitläufige Hügellandschaft bei Glonn sucht nicht nur östlich von München ihresgleichen. Schade nur, dass in dieser Region auffallend viele Wanderwege mit Leinenzwang für Hunde versehen sind. Etwas hundefreundlicher ist die nähere Umgebung des malerisch in einer Waldsenke gelegenen Steinsees, auch wenn im See offiziell Badeverbot für die Vierbeiner besteht. Wer sich nicht zur sommerlichen Hochsaison in Seenähe begibt, wird den Ausflug dennoch in vollen Zügen genießen.

D er Steinsee bietet bereits seit Jahrzehnten eine Spitzen-Wasserqualität. Obwohl das warme, trübe Moorwasser nicht jedermanns Sache ist, ist die schattige Uferpartie an der Ostseite des Sees an warmen Sommertagen oft überfüllt. An solchen Tagen ist die Leinenpflicht im engen Badebereich selbst für unsere drei zierlichen Begleiter Lotti, Fuchsi und Lindi zu rechtfertigen. Ist hingegen wenig los, wird sich – immer „ziviles" Verhalten des Hundes vorausgesetzt – kaum jemand daran stören, wenn der Hund auch mal ins Wasser springt.

Panoramablick nach Waldpassage

Der Steinsee ist jedoch nicht das einzige Highlight unserer kurzen Wanderung. Ausgangspunkt ist nicht das frequentierte Familienbad am Nordwestende des Sees, sondern der kleine Parkplatz 600 Meter weiter an der Straße in Richtung Moosach.

Man passiert ein Holzgatter und hält sich an der Weggabelung links. Der schöne Waldweg führt in weitem Bogen über eine Hügelkuppe zum Steinsee. Noch vor Erreichen des Sees zweigt unsere Route nach links ab, an den folgenden Weggabelungen hält man sich erst rechts, dann links.

Oberhalb der ersten Häuser von Doblberg stößt man auf eine einladende Wiese mit schönem Blick auf das Mangfallgebirge. An den Gehöften beginnt eine kleine Teerstraße, die jedoch außer von den Anwohnern nicht befahren wird. Sie führt in eine Bachsenke, in der vis-à-vis der Infotafel unser beschilderter Weg zum Steinsee abzweigt. Zurück im Wald halten wir uns an der Weggabelung links. Die Gehöfte von Oberseeon erreichen wir auf dem zwischen einem Raps- und einem Maisfeld entlangführenden Feldweg. Dann folgt der kurze Abstieg zum Steinsee, wo wir an der im Walddickicht versteckten Badestelle vorbeikommen.

Etwas nördlich dieser Badestelle stoßen wir auf jene Weggabelung, die wir bereits vom Hinweg kennen. Um auch die Waldpassage zwischen Steinsee und Parkplatz als Rundweg abzuschließen, wandern wir am aus Naturschutzgründen eingezäunten Nordostufer – wo sich einst das Moosacher Bad befand – entlang links in Richtung Familienbad. Nach wenigen Minuten halten wir uns an den folgenden Wegverzweigen zweimal nacheinander rechts und erreichen somit den Wegabzweig zum Parkplatz.

Leider dürfen Hunde im Steinsee offiziell nicht baden. (l.o.)

Anneliese und Hans haben mit Fuchsi, Lotti und Lindi einen kleinen Abstecher nach Adling gemacht. (l.r.u.)

Route	Steinsee → Doblberg → Oberseeon → Steinsee
Anfahrt	
Auto	Von München-Ramersdorf St2078 nach Putzbrunn und St2079 nach Oberpframmern, Ww. zum Steinsee folgen; Parkplatz ca. 600 Meter nach dem Abzweig zum Familienbad Steinsee (Ri Moosach)
Start	Waldparkplatz nördlich vom Steinsee; N 48.0280°, E 11.8642°
Charakter	Kurzweiliger Spaziergang auf breiten Wegen (etwa 500 Meter Teerstraße) durch schönen Wald und über aussichtsreiche Felder. Nur geringe Steigungen
≈	Steinsee, Bachlauf zwischen Doblberg und Adling
🐕	Am eingezäunten Uferbereich des Steinsees sowie an landwirtschaftlichen Wiesen
Wegweiser	Ab Steinsee bis zum Wendepunkt gelb markiert (teils Schild Weitwanderweg „W"), auf dem Rückweg teils grünes Dreieck
Karte	Kompass-Wk Nr. 181, Rosenheim (Bad Aibling, Wasserburg am Inn), 1:50.000

39

Tiger unter knorrigen Eichen

Rundweg zwischen Weßling und Meiling

Abgesehen von den Uferpartien des Weßlinger Sees, wo Leinenpflicht für Hunde besteht, bildet das Wald- und Wiesengelände südlich von Weßling reichlich Platz zum Auslaufen. Auf halber Strecke stoßen wir bei Delling auf das Naturdenkmal Eichenallee. Obwohl einige der ursprünglich 765 Bäume alters- und umweltbedingt bereits dem Tod geweiht sind, bieten sie der Tierwelt ein vorzügliches Biotop.

Unsere Begleiter sind Tiger und sein Frauchen Elfi an einem Märzsonntag. Der kühle Wind kündigt Schneefall an und lässt die ersten zarten Knospen in den Baumwipfeln erstarren. Elfi hat vorbildlicherweise Schaufel und Gassisäckchen dabei, um Tigers Notdurft am Feld zu beseitigen.

Von Weßling nach Delling

Der Weßlinger See verbirgt sich hinter dem Café am See, das sich an der Hauptstraße in Nähe des Wanderparkplatzes befindet. Man wandert den Uferweg in südliche Richtung an der Dorfkirche vorbei und biegt rechts in den Steinebacher Weg. Dieser führt unter der St2068 hindurch rasch an den Ortsrand zum Sportplatz. Weiter geht es halblinks parallel zum S-Bahngleis über freie Wiesen und Felder geradewegs in den Wald. An der zweiten Weggabelung folgt man links dem Wegweiser in Richtung Landgasthof Sepperl in Meiling. Von dort führt die mit einem grünen Ring markierte Route nach links über ein Feld zur Eichenallee.

Route	Weßling → Meiling → Delling → Ettenhofen → Weßling
Anfahrt	Mit der S 8 von München nach Weßling
Auto	A 96 Ausfahrt Weßling, St2068 nach Weßling, Parkplatz an der südlichen Ortsausfahrt
Start	Parkplatz schräg gegenüber Café am See, Hauptstr. 59, Weßling, N 48.073104°, E 11.24706°
Charakter	See, Wiesen, Wälder und Eichenalleen: Die Runde im Fünfseenland, die überwiegend auf schönen Kieswegen verläuft, bietet landschaftlich bei nur geringen Steigungen viel Abwechslung.
	Weßlinger See, Aubach in der Senke am Ettenhofener Weg, ein Waldtümpel mit Bachlauf weiter östlich
	An den Seeufern des Weßlinger Sees, in Nähe der befahrenen Landstraße (Eichenallee)
Wegweiser	Abschnittweise ist die Route mit einem grünen Ring markiert.
	Meiling: Landgasthof Zum Sepperl, Dorfstr. 35, Tel. 081 53 - 34 06, täglich außer Mo geöffnet, www.sepperlwirt.de; Weßling: Café am See, Tel. 081 53 - 16 63, Di Ruhetag, www.cafe-aenishaenslin.de
Karte	Kompass-Wk Nr. 18, Fünfseenland Lkr. Starnberg, 1:50.000

Elfi und Tiger genießen den Frühlingsspaziergang im Fünfseenland.

Die Eichenallee – ein Biotop für Tiere

Tiger gibt die
Marschrichtung vor ...

Die knapp fünf Kilometer lange, in Seitenarme verzweigte Allee besteht aus insgesamt 765 Eichen, die Graf Anton Clemens zu Toerring-Seefeld im Jahr 1770 setzen ließ. Leider reduziert sich der alte Baumbestand durch Stürme, Schneebruch und die ansässige Landwirtschaft zunehmend. Auch der Umstand, dass die Hauptallee mit der Staatsstraße nach Seefeld identisch ist, setzt den Bäumen zu. Nur am 3. Oktober, dem Tag der Eichenallee, wird die Straße für den Autoverkehr gesperrt.

Größere Aushöhlungen an den Stämmen zeugen von Krankheit und Altersschwäche, auch wenn sich die Fledermäuse über derlei Wohnnischen freuen. In den mächtigen Baumkronen baut sich der Bussard seinen Horst, auch Rabenkrähe, Elster, Heckenbraunelle, Rotkehlchen, Dorngrasmücke und Neuntöter bewohnen die Bäume. Zahlreiche Käfer- und Insektenarten bieten den Vögeln reichlich Futter. In Nähe der Bäume hausen Igel und Mäuse – der Geruchssinn unserer Vierbeiner wird somit auf eine ernste Probe gestellt.

In einer Schleife zurück zum Weßlinger See

Die Hauptallee wird per Unterführung unterquert, das Gehöft Delling links umgangen, bevor man links in den Ettenhofener Weg, der ebenfalls von stattlichen Eichen gesäumt ist, biegt. Hier dürfen die Hunde wieder frei herumlaufen, sofern sie die Galloway-Rinder auf der Ettenhofer Weide in Ruhe lassen. Tiger, der auf Holzstämmen sein Balancegefühl auf die Probe stellt, ignoriert die Tiere und wir die Abzweigung nach Weßling. Er begleitet uns ganz brav in den nahen Wald.

An einem Waldtümpel zweigt nach links unser Weg ab, erkennbar an der Schranke und dem Schild „Wasserschutzgebiet". Fortan geht es in stetem Auf und Ab durch den schönen Buchenwald. An den drei folgenden T-Kreuzungen hält man sich erst links, dann zweimal rechts und stößt somit auf die Ettenhofener Straße, die an einem Hof vorbei nach Weßling führt. Dort geht es links in die Straße Am Karpfenwinkel und rechts in den Uferweg, auf dem man den Weßlinger See bis zum Ausgangsort umrunden kann.

Malen mit Hund im Atelier
Susanne Hauenstein in Andechs

Die Künstlerin Susanne Hauenstein freut sich, wenn auch brave Hunde bei den Malkursen in ihrem geräumigen Atelier mit dabei sind. Natürlich unter der Bedingung, dass sie gut erzogen sind und andere Teilnehmer sich nicht gestört fühlen. Bisher hat sie mit den Vierbeinern nur gute Erfahrungen gemacht. Besprechen Sie es einfach telefonisch mit ihr, wenn Sie zu einem der Kurse oder Workshops Ihren Hund mitbringen möchten:
Tel. 08152-3287,
www.malen-bewegt.de

... und postiert
als Fotomodel.

43

Auslauf über dem Starnberger See

Rundweg zwischen Tutzing, Ilkahöhe und Deixlfurter Seen

Da man von der Ilkahöhe einen tollen Ausblick auf die Alpen und den Starnberger See genießt, lohnt sich diese kurzweilige Wanderung besonders bei schönem Wetter. Abgesehen von der Aussicht sorgen Wald, Wiesen und Wasser für Abwechslung.

Von Tutzing zur Ilkahöhe

Die Wanderung beginnt im Beringerweg hinter dem Tutzinger Bahnhof. Wir folgen der Straße 300 m nach Norden und biegen dann links in die Straße Am Martelsgraben ab (Ww. Ilkahöhe). Nächstes Ziel ist die Siedlung Am Hohenberg, von der ein Fitnessparcours (Ww. „X2") zum Parkplatz an der Monatshauser Straße führt.

Der Parkplatz ist der Schnittpunkt der beiden Rundwege zu den Deixlfurter Seen und zur Ilkahöhe. Unser Weg verläuft etwas oberhalb direkt auf dem Höhenrücken in südliche Richtung mit herrlichem Ausblick auf die Berge und den Starnberger See. An einer markanten Baumgruppe, an der bis in die 1970er Jahre ein achteckiger Ehren-Tempel stand, geht es ein Stück weit links hinab, dann rechts an einem kleinen Teich vorbei. Shiela liebt es, ins kühle Nass zu springen und den

Route	Tutzing → Ilkahöhe → Deixlfurter Seen → Tutzing
Anfahrt	Mit der S 6 von München nach Tutzing
Auto	A 952 München – Starnberg und am westlichen Seeufer (St 2063) nach Tutzing, am Ortsausgang rechts Richtung Weilheim, nach der Unterführung rechts in den Beringerweg
Start	Beringerweg, N 47.9062°, E 11.2721°
Charakter	Abwechslungsreicher Rundweg durch Wald und über Wiesen zur aussichtsreichen Ilkahöhe und über die Deixlfurter Seen nach Tutzing. Nur geringe Steigungen
	Bachlauf im Martelsgraben, kleiner Weiher und Bach an der Ilkahöhe, Deixlfurter Seen
Dog Station	Monatshausener Straße zwischen Parkplatz und Lindenallee
Wegweiser	Zur Ilkahöhe „X2"; Rückweg über Deixelfurter Seen nach Tutzing teils beschildert.
	Forsthaus Ilkahöhe, Tel. 0 81 58 - 82 42, Biergarten bei schönem Wetter täglich, Di Ruhetag, www.restaurant-ilkahoehe.de
Karte	Kompass-Wk Nr. 180, Fünfseenland, 1:50.000

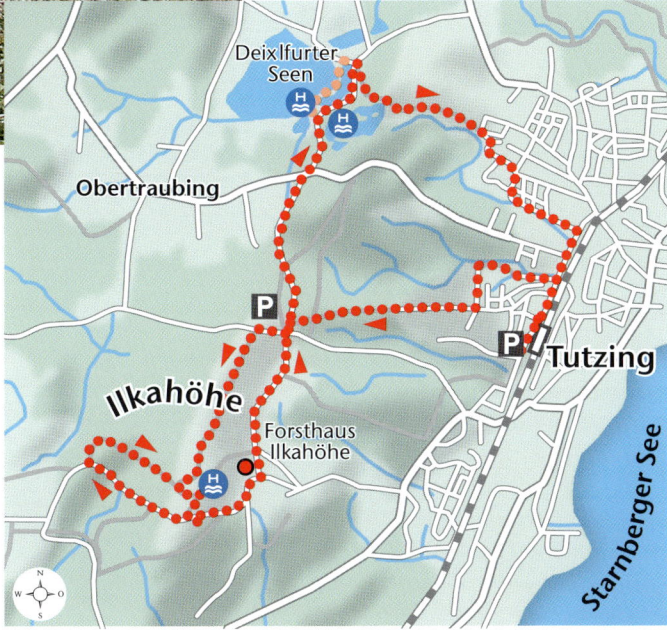

Die Ilkahöhe ist der wohl schönste Aussichtspunkt im Fünfseenland.

Sheila, Stephanie und Katrin
auf dem Panoramaweg

geworfenen Stock zum Frauchen zurückzubringen, was ihr allerdings erst im zweiten Anlauf glückt.

An der zweiten Gabelung geht es rechts in den breiten Wanderweg. Dieser führt leicht abwärts in ein schönes Wald-stück, an der folgenden Gabelung hält man sich rechts und gelangt im Bogen – mit Blick in einen tiefen Geländegraben – über schöne Wiesen wieder zu der markanten Baumgruppe zurück. Jenseits der Bäume zweigt der Weg in Richtung Forst-haus Ilkahöhe ab.

Abstecher zu den Deixlfurter Seen

Vom Parkplatz am Forsthaus führt eine schöne Lindenallee zu dem Parkplatz an der Monatshauser Straße zurück.
Von hier (Ww. Tutzing) geht es auf breitem Weg über Ober-
traubing zur Deixlfurter Seenplatte, die insgesamt aus acht
mehr oder minder großen Weihern besteht. Nur im größten
der sogenannten Angelgewässer dürfen wir innerhalb der
beschilderten Grenzen baden; unsere Vierbeiner haben eine
etwas größere Auswahl, sofern sie das teils trübe Wasser nicht
scheuen. Am Ufer des größten Sees führt ein schöner Pfad
nebst „Dammweg" Richtung Norden (Variante zum Hauptweg).

Zurück am breiten Weg folgen wir dem Schild „Tutzing
Waldschmidtschlucht". Nach Passieren der Stromleitungen
verlassen wir – den steilen Linksabzweig ignorierend – den
Hauptweg und biegen rechts in einen Karrenweg. Vom Waldrand öffnet sich der Blick zur Benediktenwand. An einer Sitzbank geht es links auf einem schwach ausgeprägten Wiesenpfad an einem Gehöft und Bolzplatz vorbei zu einzelnen Wohn-
häusern; hier geradeaus auf dem Trampelpfad an einem Spiel-
platz vorbei zur Kreuzeckstraße, rechts in die Zugspitzstraße
und über Herzogstandstraße, Mozartstraße und Boeckelerstraße
zur Heinrich-Vogl-Straße und hier an den Gleisen rechts zum
Bahnhof.

Blick von der Lindenallee
zur Ilkahöhe

Ammerseerunde am Westufer

Rundweg zwischen Schondorf und Utting

Das Ammersee-Lechgebiet wirbt im Internet mit seiner Hundefreundlichkeit. Zum einen dürfen die Vierbeiner im Ammersee abseits abgegrenzter Badestellen in das kühle Wasser springen, und zum anderen finden sie auf den großflächigen Wiesen entlang des Höhenwegs sehr viel Bewegungsfreiheit. Auch hundefreundliche Unterkünfte sind in der reizvollen Region anzutreffen (siehe Seite 22).

Mitte April ist die Badesaison am Ammersee noch nicht eröffnet.

Beim Gut Achselschwang begleitet Joschi das Reiterduo.

Die Pfarrkirche St. Anna ist dank ihrer privilegierten Lage auf einem Hügel über Schondorf nicht zu verfehlen. Falls sie nicht verschlossen ist, lohnt ein Blick auf den spätbarocken Hochaltar, den der Wessobrunner Künstler Franz Schmuzer um 1725 geschaffen hat.

Auf dem Höhenweg nach Utting

Südlich der Kirche geht es auf der St.-Anna-Straße, rechts auf dem Steinwiesenweg, abermals rechts auf der Lindenstraße und links auf der Lerchenstraße aus dem Ort heraus. Wenig später hat man die Wahl zwischen der Variante „Zur Aussicht" und dem Moosweg; beide Wege vereinen sich später wieder.

Nach Überqueren einer Straße taucht die Route am Plomberg vorübergehend in den Wald ein. Hinter einer Pferdekoppel wandert man zum Gut Achselschwang, wo von Zeit zu Zeit internationale Reitturniere stattfinden. Die ansässige Reitschule bildet zudem professionell für Dressur und Springen aus. Gut, dass die meisten Hunde auf Pferde nicht allergisch reagieren, denn Ausritte stehen rund um das Gestüt das ganze Jahr über auf der Tagesordnung.

Von Achselschwang führt ein kerzengerader Weg nach Süden bis auf eine kleine Kuppe, auf welcher der beschilderte Abzweig nach Utting erfolgt. Zwar wandert man fortan auf einem Teerweg, doch in unmittelbarer Umgebung breiten sich saftige Wiesen aus. Als Orientierungspunkt dient der weithin sichtbare Kirchtrum von St. Leonhard, auch Kloster Andechs ist jenseits des Ammersees auszumachen.

Durch Utting an das Ammerseeufer

An der Kirche stößt man auf die befahrene Dießener Straße, hier Hunde an die Leine und kurz links an der Straße entlang. Bei nächster Gelegenheit geht es rechts hinunter zur Bahnhofstraße, die uns am Bahnhof vorbei zur Seestraße und in den

Route	Schondorf → Achselschwang → Utting → Schondorf
Anfahrt	S 4 von München nach Geltendorf, Regionalzug nach Utting
Auto	A 96 Ausfahrt Schondorf, Parkmöglichkeit an der im oberen Ortsteil gelegenen Pfarrkirche St. Anna
Start	Sankt-Anna-Straße 24 N 48.053386°, E 11.086063°
Charakter	Der Ammersee-Höhenweg führt über weites Wald- und Wiesengelände mit teils schönem Seeblick. Hier großzügiger Auslauf für die Hunde. Rückweg auf dem Radweg am Ammerseeufer. Sind zu viele Radler unterwegs, sollte man entweder den gleichen Weg zurückgehen oder evtl. mit dem Zug eine Station nach Schondorf fahren.
	Moortümpel bei Achselschwang, Hottenbach vor Utting, Ammersee abseits der abgegrenzten Badestellen
Dog Station	Seeanlagen im Uttinger Summerpark, Promenade Schondorf
	Ortsgebiet Utting und Schondorf, Badewiese in Utting
Wegweiser	Ammersee-Höhenweg von Schondorf bis zum Abzweig nach Utting, Radschilder am Ammerseeufer zwischen Utting und Schondorf
	Seerestaurant, Landungsstelle Utting; Alte Villa mit Biergarten, Seestr. 31, Tel. 0 88 06 - 617, www.alte-villa-utting.de; Seepost mit Biergarten, Bahnhofstr. 2, Schondorf, Tel. 0 81 92 - 93 37 53, www.seepost-ammersee.de
Karte	Kompass-Wk Nr. 18, Fünfseenland Lkr. Starnberg, 1:50.000

Summerpark führt. Sowohl im Park als auch an der Promenade müssen die Vierbeiner an die Leine, doch die Passage ist kurz und überschaubar.

Fortan gibt der Radwegweiser Schondorf die Richtung vor. An der Alten Villa, die zum See hin einen schönen Biergarten bietet, kann man alternativ auf dem Kiesweg wandern. An der folgenden Badewiese sind Hunde tabu, doch dann gibt es kleine Kiesstrände mit Bademöglichkeit für Mensch und Tier. Später mündet der Weg in die Wohnsiedlung von Schondorf, stattliche Grundstücke mit schönen Villen bestimmen das Bild. An der Uferpromenade herrscht abermals Leinenpflicht. Kurz vor dem Schiffsanlegesteg zweigt man links in die Straße St. Jakobs-Bergerl und gelangt auf der Bahnhofstraße zum Bahnhof. Die Gleise werden unterquert, ein Kiesweg führt zur Pfarrkirche St. Anna empor.

Leine los für Paula!

Von Windach in das Windachtal

Paula, ein gleichermaßen liebes wie ängstliches Mischlingsfräulein, hat eine traumatische Geschichte hinter sich: „Als ich circa zwei Monate jung war, hat mich meine Pflegemama Fatos vor einem Brotregal eines Supermarktes in Antalya entdeckt. Ich hatte sooo einen Hunger und bettelte die Leute an. Doch keiner von ihnen hatte ein Herz und gab mir etwas ab. Bis meine Pflegemama kam, die mich mit nach Hause nahm …"

Paula freut sich über ihre neue Freiheit …

Dieses Zuhause war eine offizielle Auffangstelle für Straßentiere, in der nach türkischer Sitte aber offenbar mehr gefoltert als gehätschelt wird. Ein Jahr lang hat es gedauert, bis Paula dank der Initiative des Vereins „Stimme der Tiere" per Flugzeug nach München transferiert und dort an ihre neuen Besitzer Anneliese und Hans übergeben wurde.

Erstmals am Wasser und leinenfrei!

Wie verunsichert die Hündin nur wenige Monate nach der Übersiedlung in diese neue, fremde Welt ist, zeigt der

Ausflug in das Windachtal. Der rauschende Bach bedeutet Paulas erste Begegnung mit Wasser überhaupt! Schüchtern beschnuppert sie die angrenzenden Kies- und Sandbänke, wagt sich aber nur oberflächlich in das kühle Nass. Streicheleinheiten genehmigt sie nur ihrem Frauchen und Herrchen, kommen ihr hingegen Fremde zu nah, weicht sie abrupt zurück. Ein deutliches Zeichen für die Gewalt, die sie in ihrer Kindheit erdulden musste! Auch fremden Hunden gegenüber zeigt sie sich – von einem Pudel aus der Nachbarschaft abgesehen – wenig kontaktfreudig;

Route	Windach → im Windachtal und zurück
Anfahrt	
Auto	A 96 Ausfahrt Windach, auf der Münchener Straße in den Ort, am Maibaum links in die Hechenwanger Straße, nach 100 m rechts in den Raiffeisenweg
Start	Raiffeisenstraße zwischen Jugendheim und Windachbach, N 48.065734°, E 11.036217°
Charakter	Einfache Wanderung auf malerischen Pfaden entlang der Windach, die bei starkem Regen jedoch rasch über die Ufer tritt.
≈	Während der gesamten Tour ist die Windach unser Begleiter.
Dog Station 🐾	Zwischen Parkplatz und Windachufer
Wegweiser	Keine vorhanden, durch die stete Flussnähe aber denkbar einfache Orientierung
🍴	Nur im Ort Windach
Karte	Kompass-Wk Nr. 189, Landsberg am Lech – Ammersee, 1:50.000

... und erkundet zum ersten Mal das Element Wasser.

Paula und Fuchsi am
romantischen Windachufer

bei gemeinsamen Wanderungen mit mehreren Hunden reagiert sie gar bockig wie ein sturer Esel und läuft keinen Meter. Da ist es schon fast eine Ehre, dass sie den vorausgehenden Verfasser dieser Zeilen als „Leitwolf" akzeptiert!

Doch wie würde Paula reagieren, wenn man sie in freier Wildbahn erstmals von der Leine ließe? Auf dieses Experiment sind Anneliese und Hans mehr als gespannt. Alles geht gut: Das neue, leinenfreie Leben erweckt bei Paula sichtlich neue Lebensgeister! Sie jagt und wildert nicht, folgt brav aufs Wort und gewinnt von Tag zu Tag etwas von ihrer ursprünglichen Selbstsicherheit und Fröhlichkeit zurück.

Tal mit Wildflusscharakter

Die Wanderung im Windachtal ist orientierungsmäßig die leichteste in diesem Buch. Vom Windacher Parkplatz am Raiffeisenweg-Forststraßen-Eck sind es nur wenige Meter bis zur Bachbrücke, vor der an einer Hecke unser nicht beschilderter Pfad nach rechts abzweigt. Gleich zu Beginn passieren wir eine Station, an der wir Gassisäckchen für die Notdurft des Hundes entnehmen und später entsorgen können. Nicht nur die am Bach spielenden Kinder werden sich über eine etwaige Kotbeseitigung freuen.

Fortan geht es über mehrere Kilometer meist unmittelbar am malerischen Bachufer in Richtung Süden. Den Umkehrpunkt kann jeder selbst bestimmen, da es später auf gleicher Route wieder zurückgeht. Wir entscheiden uns für die erste Bachbrücke nach gut drei Kilometern, obwohl der Pfad – später jedoch das Flussbett teilweise verlassend und in die Ortsperipherie stoßend – noch bis Finning weiterführen würde. Südlich von Finning wurde 1964 der Windachspeichersee fertiggestellt, um den unteren Flusslauf gegen die regelmäßigen Überschwemmungen zu schützen. Was die Windach jedoch nicht davon abhält, nach starkem Regen trotzdem über die Ufer zu treten! Der Fluss entspringt westlich von Dießen am Ammersee in einem sumpfigen Wäldchen und bahnt sich bis zur Mündung in die Amper in endlosen Schleifen ihren Weg durch die hügelige Voralpen-Landschaft. Besonders im Frühjahr, wenn die feuchten Böden von den weißen Blütenteppichen des Märzenbechers überzogen sind, zeigt sich der Flussabschnitt zwischen Finning und Windach von seiner schönsten Seite!

In der wilden Ammerleite

Fluss-Abenteuer bei Saulgrub

Die Ammerleite zählt zu den schönsten Schluchten Mitteleuropas.

Kanufahrer wissen längst, dass die Ammerleite bei Saulgrub zu den schönsten Schluchtenlandschaften Mitteleuropas gehört. Auch der Wanderer gelangt auf romantischen Pfaden immer wieder in den Grund dieses einzigartigen Flusstals. Dabei werden Mensch und Hund nicht nur angesichts der von Moos umrankten Schleierfälle, die sich im Winter in eine bizarre Eislandschaft verwandeln, ihre Freude haben.

E inen ersten Eindruck der beeindruckenden Schlucht liefert der Felsdurchbruch Scheibum, der je nach Wasserstand den Kanufahrern einiges an Können abverlangt. Die schräg verlaufenden Felsrippen verursachen tückische Wasserwalzen, die ungeübte Paddler oft zum Kentern bringen. Nach Überwindung dieser Schlüsselstelle verabschiedet sich die wilde Ammer bis Rottenbuch in das canyonartige Tal. Vom Parkplatz an der Ammerbrücke dauert dieser lohnende Abstecher eine gute Viertelstunde.

Natur pur rund um die Schleierfälle

„Steile Ufer lassen keinen Fußweg zu, und das Boot wird zum einzigen Mittel, in dieses Paradies einzudringen," schrieb einst der Schriftsteller und Kanupionier Herbert Rittlinger über diesen Abschnitt der Ammer. Doch bei den Schleierfällen und

Route	Ammerleite → Schleierfälle → Soiermühle → Böhmer Weiher → Achele → Ammerleite
Anfahrt	Mit der Deutschen Bahn stündlich von München nach Murnau, dort in den Regionalzug nach Saulgrub umsteigen; vom Bahnhof sind es 2,5 km bis zur Einmündung in die Wanderroute bei Achele (Achelestraße)
Auto	A95 Ausfahrt Sindelsdorf, B472, St2038 und B2 nach Murnau, St2062 nach Saulgrub, am südlichen Ortsrand geht es rechts auf der Achelestraße zur Ammerleite
Start	Wanderparkplatz am Kraftwerk Kammerl. N 47.6619°, E 10.9886°
Charakter	Am Westufer von der Talsohle aus drei in Stufen angelegte steile Anstiege (etwas Trittsicherheit erforderlich; Vorsicht auf einer Lochgitter-Brücke). Insgesamt zu jeder Jahreszeit eine großartige Natur-Wanderung mit dem Höhepunkt Schleierfälle
	Hinweg: viermal am Flussufer der Ammer und diverse Seitenbäche; Rückweg: Böhmer Weiher
	evtl. auf dem Straßenabschnitt zwischen Achele und Parkplatz im Ammertal
Wegweiser	Markierung W6 bis kurz vor der Soiermühle (die Schleierfälle sind laufend beschildert), auf dem Rückweg Wegbezeichnung TK4, W5 und W6
	Wirtshaus Acheleschwaig, Tel. 08845-757383, Fr. bis Mo. 10–21 Uhr (im Winter seltener), www.wirtshaus-acheleschwaig.de
Karte	Kompass-Wk Nr. 7, Werdenfelser Land mit Zugspitze, 1:35.000

Die Schleierfälle sind der Höhepunkt dieser landschaftlich grandiosen Rundtour.

auch später muss der Kanute dieses Paradies mit uns Wanderern teilen. Der gut markierte Pfad führt anfangs steil über Stufen und Wurzeln in die Höhe, dann quert er teils idyllisch am Waldrand in Richtung Norden. Im Verlauf des Abstiegs sprudelt ein kleiner Bach unauffällig zu Tale, um sich später wie ein fein gesponnener Schleier über die überhängenden Felsen zu ergießen.

Schilder warnen zum Schutz des Naturdenkmals Schleierfälle davor, die ausgetretenen Wege zu verlassen oder unter dem Wasserfall gar eine Dusche zu nehmen. Die tiefgrünen Moose, die sich in Folge der permanenten Feuchtigkeit an den Felsen gebildet haben, sind sehr empfindlich und drohen bei Betreten Schaden zu nehmen.

Über die Soiermühle zurück zum Ausgangsort

Während die Hunde begeistert im Ammerwasser baden, genießen die Halter in aller Ruhe die Schönheit der Natur. Die Wanderroute verlässt die malerische Ammerschlucht zwar anschließend wieder, kehrt aber nochmals in ihr Flussbett zurück. Weite Kiesbänke, an denen kleine, aus Steinen gefertigte Kunstwerke zu bewundern sind, laden zum Verweilen ein. Dann erreicht man nach einem weiteren Gegenanstieg mit der Brücke an der Soiermühle den Wendepunkt der Tour.

Steil führt der Steig jenseits der Brücke auf Stufen aus dem Tal heraus. Oben angelangt folgt man dem Wegweiser in Richtung Saulgrub. Nächstes Ziel ist der versteckt am Waldrand gelegene Böhmer Weiher; um ihn zu erreichen, zweigt man im Wald etwa 100 Meter weit nach links von der Hauptroute ab. Dann wandert man über freie Wiesen und den Weiler Achele zuletzt auf der Teerstraße zum Parkplatz an der Scheibum zurück.

Faszination Schleierfälle im Winter

An frostigen Wintertagen erscheint das Naturspektakel aus Kalktuffgestein, Wasserfällen und kleinen Tropfsteinhöhlen als bizarre Eisgalerie. Grund genug, auch zur kalten Jahreszeit auf Tour zu gehen. Unser tierischer Begleiter: der 2 ½ Jahre alte Timo, ein sportlich-verspielter Labrador Retriever. Daniela und Klaus haben ihn zumeist an der Schleppleine, da bei Aufspüren von Geruchsfährten oft der Jagdtrieb mit ihm durchgeht. Wenn sich die Leine im Gelände verhakt, befreit sich Timo nach dem Befehl „Kehrt" selbst aus seiner misslichen Lage. Im Winter sollte man besser in Achele parken, der Rückweg am Ostufer kann bei viel Schnee etwas mühselig werden (Orientierungsprobleme durch schlechte Spurlage).

Timo am Ufer des
Böhmer Weiher (Abstecher)

Florence zeigt Ausdauer

Unterwegs auf dem Guglhör-Rundweg bei Murnau

Florence läuft mit ihren kurzen Beinchen, die unter der langen Behaarung fast verschwinden, Schritt für Schritt hinter ihrem Frauchen her. Man merkt ihr richtig an, wie sie die Wanderung an diesem goldenen Oktobertag in vollen Zügen genießt. Zwar hat sie mangels Sehkraft nichts vom fantastischen Panoramablick, der sich vom Höhenrücken bei Guglhör dem Menschen offenbart. Doch die weitläufigen Wiesen und die milde Herbstluft sind nicht nur für kleine Yorkshire-Terrier wie geschaffen. Auf die sprudelnde Loisach muss Flo, wie sie von ihrem Frauchen liebevoll genannt wird, an diesem Tag jedoch verzichten.

Die Wanderung beginnt mit einem kleinen Anstieg von der Kocheler Straße zur verwaisten Hammerschmiede, von der ein kurzer, steiler Treppensteig weiter aufwärts führt. Die Straße wird überquert, dann wandert man ostwärts nach Hagen.

Vom Höhenrücken in das Loisachtal

Hagen liegt nur wenige hundert Meter unterhalb des Höhenrückens, der

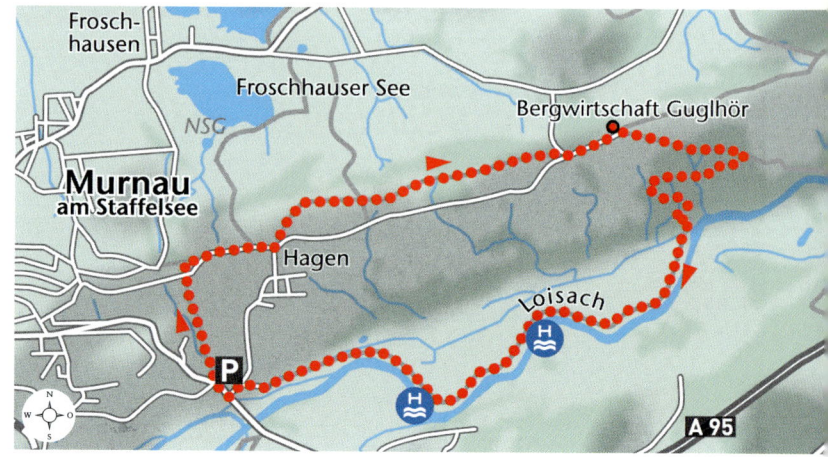

Schwierigkeitsgrad 🐾🐾 **Gehzeit** 3 ¼ Stunden **Strecke** 11 km **Höhenmeter** 190

11

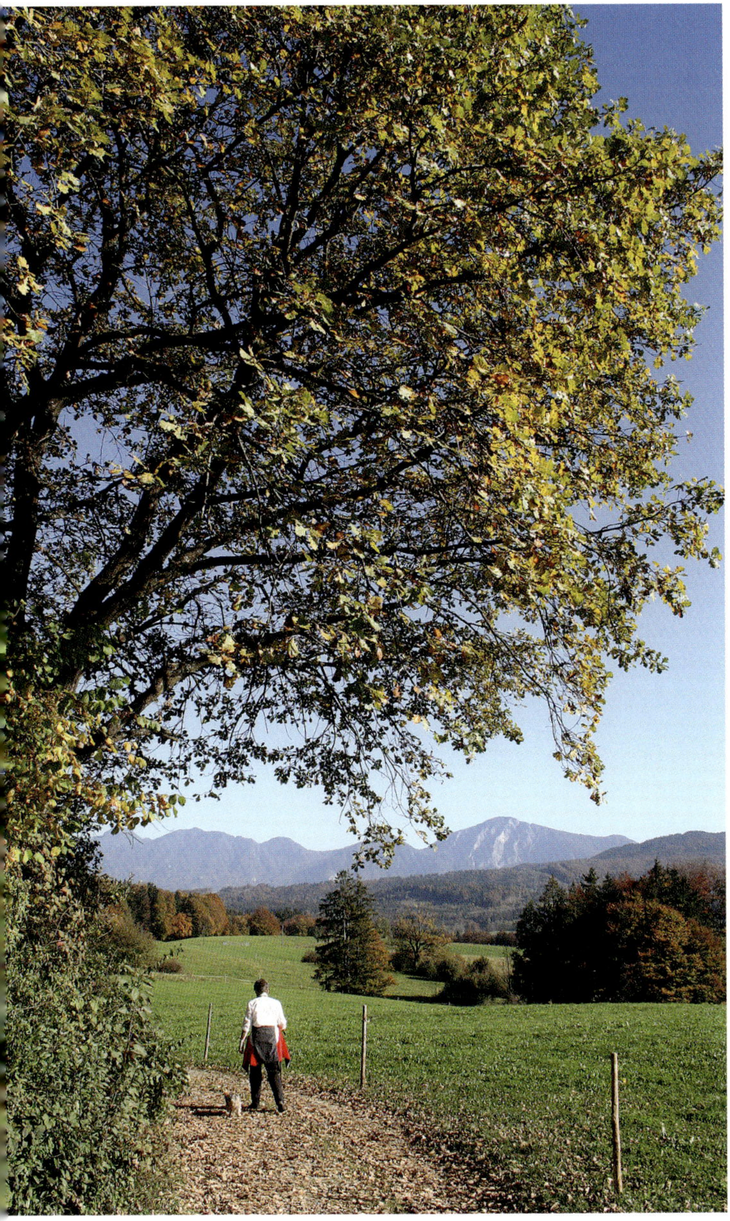

Route	Murnau (Parkplatz Kocheler Straße) → Hammerschmiede → Hagen → Guglhör → Loisachtal → Mühlhagen → Murnau
Anfahrt	
Auto	Auf der A95 Richtung Garmisch, Ausfahrt Murnau/Kochel und nach Murnau. Zwischen Loisachbrücke und Unfall-Krankenhaus kurz nach dem Abzweig Mühlhagen rechts Parkmöglichkeit in der Kocheler Straße (Gewerbegebiet)
Start	Kocheler Straße, N 47.6700°, E 11.2253°
Charakter	Nach dem Anstieg nach Hagen herrlicher Panoramaweg über freie Wiesen nach Guglhör, dann folgt der bewaldete Abstieg in das Loisachtal. Hier wandert man stets am Fluss entlang und genießt die herrliche Ruhe.
	Bachlauf auf dem Weg zur Hammerschmiede; zwei kleine Bäche beim Abstieg von Guglhör in das Loisachtal; die Loisach auf etwa 3 km Länge
	Kurze Straßenabschnitte bei Mühlhagen und Hagen
Dog Station	Am Wanderweg in Hagen
Wegweiser	Guglhör-Rundweg meist gut beschildert
	Bergwirtschaft Guglhör, Tel. 08841-6260022, Mi–So
Karte	Kompass-Wk Nr. 7, Murnau – Kochel, 1:50.000

nordwärts von Wald begrenzt ist, Richtung Süden aber über die freien Wiesen den großartigen Panoramablick beschert. Der Blick schweift von der Benediktenwand über das Estergebirge und das Wettersteinmassiv bis hin zu den Ammergauer Alpen. Beim Weiler Perlach stößt die Route auf den Fahrweg nach Guglhör, wo die Bergwirtschaft Guglhör seit 2017 wieder Gäste bewirtet. Auf den umliegenden Weiden grasen seltene Zuchtrassen vom Rind und Schaf.

Bei Hagen ergibt sich dieser schöne Panoramablick in Richtung Wetterstein- und Estergebirge.

Aussichtsbank am
Guglhör-Rundweg

Flo folgt ihrem Frauchen
auf Schritt und Tritt.

Von Guglhör führt ein
Forstweg in den Wald, der
in letzter Zeit durch massiven Holzschlag etwas gelitten hat. Unterhalb der
Schneise geht es auf einem
Hohlweg idyllisch durch
dichtes Gehölz in das sogenannte Hagner Moos. Nur
wenige Schritte nach Erreichen des flachen Talbodens
erreicht man an zwei Sitz-
bänken das Loisachufer, wo
sich in der milden Oktober-
sonne letzte Schmetterlinge
und Bienen an den Blüten
der Margeriten laben. Für
unseren Flo wäre an diesem
schönen Rastplatz jedoch
die Strömung für das erfrischende Bad zu stark.

Terrier mit Jagdtrieb

Die Zuchthistorie des Yorkshire-Ter-
riers reicht bis in das späte 19. Jahr-
hundert zurück, die nordenglische
Grafschaft Yorkshire gab ihm seinen
Namen. Da viele Besitzer den Terrier
verniedlichen eilt ihm ein gewisses
Schoßhündchen-Image vorraus.
Dabei ist er häufig geländegängiger
und konditionsstärker als sein Halter.
Ursprünglich wurde er gar zur illegalen
Kaninchenjagd eingesetzt.

Idyllischer Weg
am Flussufer

Zwischen der spru-
delnden Loisach und den
angrenzenden Streuwiesen
verläuft der Weg stets direkt
am Fluss. Anfangs ist das
Wasser durch dichten
Schilfwuchs kaum sichtbar,

später jedoch gibt es an mehreren Stellen Zugang zu einladenden Sand- und Kiesbänken. Mit etwas Glück entdeckt man in den Sommermonaten seltene Pflanzen am Wegesrand, darunter Orchideenarten. Im Herbst scheint man am Spätnachmittag direkt in die tiefstehende Sonne zu wandern, das Flusswasser reflektiert die wärmenden Strahlen.

Der Fluss-Wanderweg endet in Mühlhagen. An der Straßenkreuzung hält man sich links und gelangt zur Kocheler Straße. Für das kurze Stück entlang der Straße bis zum Parkplatz müssen alle Yorkshire-Terrier und anderen Vierbeiner kurz an die Leine.

Nicht überall ist die Loisach so zugänglich wie an dieser schönen Stelle.

Ziegenparade am Seeufer

Von Mittenwald über die Ederkanzel zu Ferchen- und Lautersee

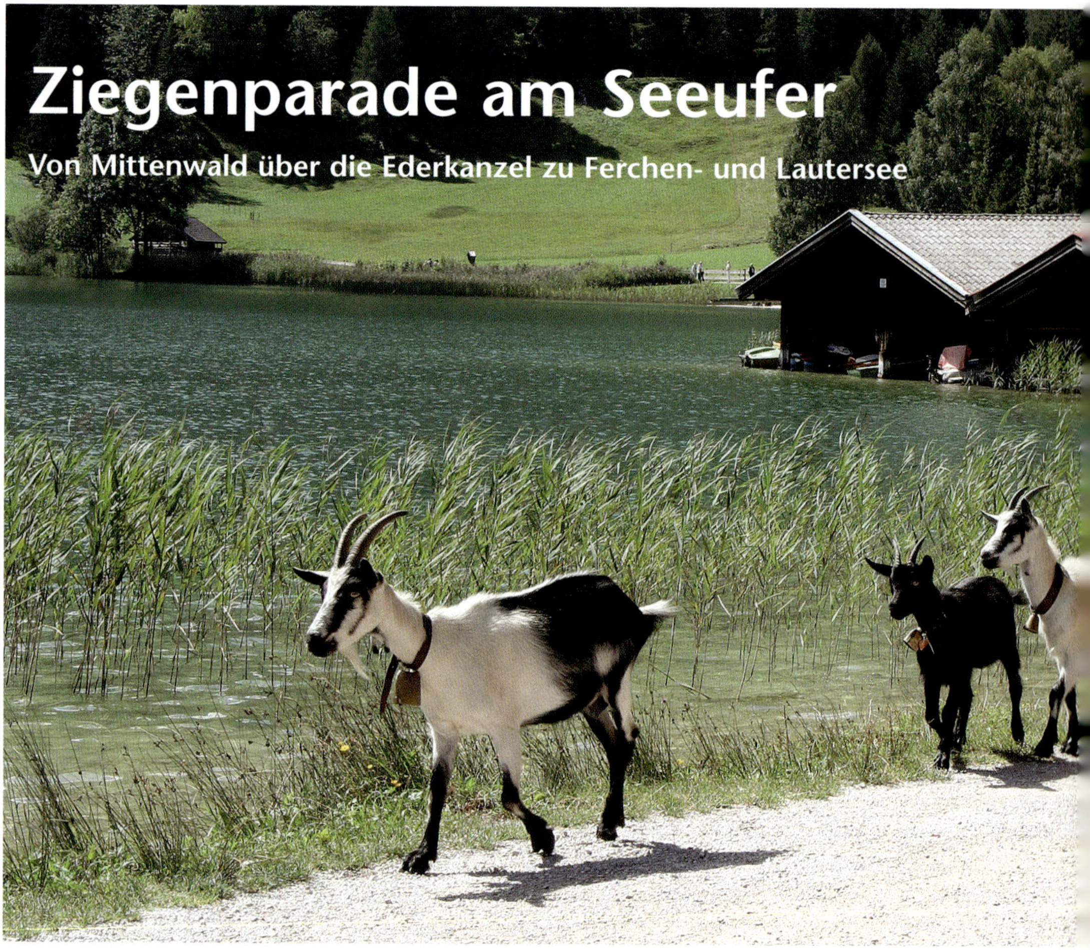

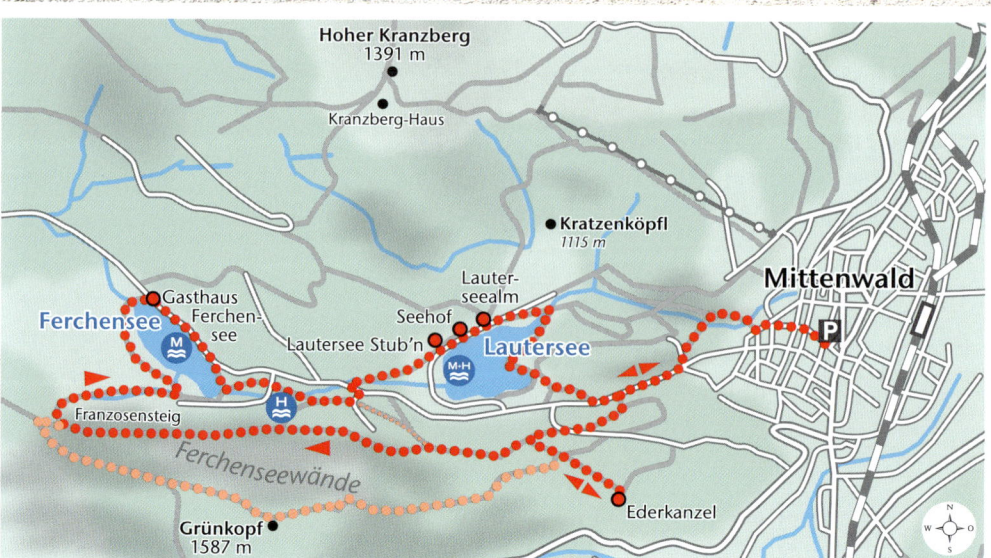

Route	Mittenwald → Ederkanzel → Ferchensee → Lautersee → Mittenwald

Anfahrt

 Mit der Deutschen Bahn stündlich von München über Garmisch nach Mittenwald

Auto A 95 nach Garmisch-Partenkirchen, B 2 nach Mittenwald, Abzweig in das Ortszentrum

Start Gebührenpflichtiger Parkplatz an der Karwendelstraße, N 47.4403°, E 11.2611°

Charakter Der Anstieg zur Ederkanzel ist teilweise etwas steiler, aber angenehm schattig. Sehr schöne Waldquerung mit nochmaliger Steigung unterhalb der Ferchenseewände, dann folgt der Abstieg zum Ferchensee, der wie der Lautersee malerisch in einer Senke liegt. An den Seen mitunter reger Ausflugsverkehr

 Lainbach, Ferchen- und Lautersee sowie einzelne Bachzuläufe

 Im Ortsgebiet von Mittenwald

Wegweiser Sämtliche Etappenziele sind einwandfrei beschildert, vor dem Abstieg zum Ferchensee lohnt jedoch der Umweg über den Franzosensteig (Ww. Obere Wettersteinspitze).

 Ederkanzel, Tel. 0 88 23-16 81, zur Hauptsaison täglich geöffnet, www.ederkanzel.de; Gasthaus Ferchensee, Tel. 0 88 23-14 09, www.ferchensee.eu; Lautersee Stub'n, Tel. 0 88 23-10 17, Seehof und Café Lauterseealm am Lautersee

Karte Kompass-WK 6 Alpenwelt Karwendel, 1:50.000

Mucki, eine zehnjährige Pudelmischung, geht sehr häufig in der Umgebung von Mittenwald spazieren. Von den Hundebekanntschaften, die sie im Laufe der Jahre hier gemacht hat, könnte sie bestimmt viele Geschichten erzählen. Auch mit der Ziegenherde, die von Zeit zu Zeit am Westufer des Lautersees auftaucht, hat sie sich längst arrangiert.

Vom Parkplatz ist der Einstieg in das Laintal rasch erreicht: Man folgt der von der Karwendelstraße abzweigenden Adolf-Baader-Straße, die später in die Wettersteinstraße übergeht, einfach in Richtung Westen. Nach kurzem Steilstück (Ww. Lautersee) stößt man auf die Teerstraße, von der etwas oberhalb der Weg zur Ederkanzel abzweigt.

Über die Ederkanzel zum Ferchensee

Mucki springt voller Freude über die Wiesen am Ferchensee.

Man steigt nicht auf dem Fahrweg, sondern auf dem schön angelegten Waldlehrpfad empor. Hier erfährt man zum Beispiel, dass Mittenwalds berühmte Geigen aus dem Holz des Ahornbaums gefertigt werden. An der Ederkanzel empfängt uns Hüttenhund Blanker, eine Mischung aus Schäferhund und Berner Sennenhund. Er schützt die Gänse und Truthähne, die in den angrenzenden Gehegen umherlaufen, vor ungebetenen Gästen. An Kirchweih oder zu Weihnachten droht dann dem ein oder anderen Federvieh zur Freude der Schlemmergäste ein jähes Ende im Backofen. Bis dahin genießen sie noch den herrlichen Blick in Richtung Wettersteingebirge, Leutaschtal und Isartal.

Von der Ederkanzel könnte man auch über den 1588 Meter hohen Grünkopf zum Ferchensee wandern. Wir bevorzugen jedoch die anregende Waldquerung unterhalb der imposanten Ferchenseewände. Hierzu steigt man auf bekannter Route erst ein Stück weit ab und folgt dann dem beschilderten Weg in Richtung Ferchensee; an der zweiten Weggabelung lohnt sich, statt direkt abzusteigen, der kleine Umweg über den Franzosensteig (Ww. Obere Wettersteinspitze), der jedoch gut 100 Meter an Höhe zulegt. Nach dem Gegenanstieg folgt rechts der Abstieg zum Ferchensee.

Wegvariante

Ohne Abstecher zu Ederkanzel und Ferchenseewände ist die Wanderung um gut eine Stunde kürzer und wesentlich bequemer. Für diese Abkürzung folgt man beim Anstieg zur Ederkanzel einfach den Wegweisern zum Ferchensee.

Bademöglichkeiten an zwei Seen

Der Weg führt am Süd-
westufer des Ferchensees
aus dem Wald, wo sich die
schönsten Badestellen be-
finden. Hier ist Mucki voll in
ihrem Element, voller Freude
springt sie über die Wiesen am
Seeufer. Noch ist die Sonne
nicht hinter den Wolken
hervorgekommen, weshalb
sie die Badeeinheit lieber auf
den Lautersee verschiebt. Am Nordende des Sees sieht man
bereits das Gasthaus Ferchensee, wo der brave Rambo, gleichfalls ein Mischlingshund, zuhause ist.

Auch am Lautersee führen die Wege direkt am See entlang; das Strandbad ist für Hunde jedoch tabu.

Zum Lautersee sollte man nicht den von Radlern frequentierten Fahrweg, sondern den parallel verlaufenden Steig
benutzen. Dieser führt vom südlichen
See-Ende durch Wald und ein kleines
Bachtal zu einer Wiese, auf der im
Frühjahr der stängellose Enzian und
im August der Schwalbenwurzenzian
blüht. Auf dem unscheinbaren Wald-
sattel überquert man den Fahrweg
und steigt zum Lautersee ab.

Manchmal promenieren
Dutzende von Ziegen direkt am
Seeufer entlang. Dabei verhalten
sie sich so diszipliniert, als wären
sie auf einer Militärparade. Die
anwesenden Hunde nehmen den
Aufmarsch gelassen hin, auch
Mucki bleibt angesichts der Herde
erstaunlich cool. Inzwischen heizt
die Sonne die Temperaturen ordent-
lich auf, manchen Hund zieht es
deshalb in das etwa 20° Grad warme
Wasser. Sofern sie sich vom Strandbad
fernhalten, wird es von menschlicher
Seite auch keine Beschwerden geben.

An der Kapelle Maria Königin
hält man sich rechts und wandert
direkt am Seeufer entlang. Dann
folgt man dem mittelbreiten Kiesweg zurück nach Mittenwald.

Unterwegs auf der Lieblingsstrecke

Rundwanderung am Thanninger und Mooshamer Weiher

Fuchsi, Lotti und Lindi haben mindestens fünf Dinge gemeinsam: Sie sind mit zehn und elf Jahren im reifen Hundealter, sie gehören zur Kategorie der kleinen Hunde, sie mögen Kinder wie Katzen, sie spielen unbefangen auch mit größeren Hunden und sie gehen naturgemäß gerne spazieren. Zu ihren Lieblingstouren zählt seit vielen Jahren der Mooshamer Weiher, weil sie sich dort frei bewegen und ungestört baden können. In Verbindung mit dem Thanninger Weiher ergibt sich eine äußerst reizvolle Rundwanderung.

Der Mooshamer Weiher liegt versteckt am Spatenbräufilz.

Der Werdegang des Hunde-Trios ist jedoch unterschiedlich. Lotti, ein weißgrauer Shih-Tzu, stammt direkt vom Züchter. Im Gegensatz zu Fuchsi und Lindi badet sie mit Vorliebe – wenn auch nur bis zum Bauch – im See. Ihr dominanter Charakter zeigt sich beispielsweise darin, dass sie gerne im Mittelpunkt steht und als erste gestreichelt werden möchte.

Fuchsi, ein brauner Chihuahua und der „Hahn im Korb" des Hunde-Trios, hat eine schwierige Vergangenheit hinter sich.

Von den Vorbesitzern an der tschechischen Grenze ausgesetzt, landete er in einem Weidener Tierheim, aus dem ihn seine heutigen Besitzer Anneliese und Hans zu sich nach Taufkirchen holten. Auch Lindi, eine Mischung aus Pekinese und King-Charles-Spaniel, hat eine Zeitlang im Tierheim verbracht. Sie vegetierte in ihrer Jugend mit ihrer Hunde-Mama auf den Straßen Mallorcas, bevor beide Hunde nach Deutschland überführt wurden. Als die Mama verstarb, zog sich Lindi lange Zeit in tiefer Trauer in den Keller zurück. Heute tobt sie frohgelaunt und selbstbewusst im Gelände umher.

Route	Thanning → Thanninger Weiher → Feldkirchen → Moosham → Mooshamer Weiher → Thannning
Anfahrt	
Auto	A 8 Ausfahrt Hofoldinger Forst, St2070 über Sauerlach und Altkirchen nach Öhnböck; alternativ St2072 nach Egling und St2070 nach Öhnböck; im Ort Hauptstraße nach Süden in das angrenzende Thanning und nach der Bachbrücke links in den Weiherweg; Parkplatz an der Scheune
Start	Weiherweg, N 47.9233°, E 11.5403°
Charakter	Schöne, landschaftlich überaus reizvolle Wanderwege in den jeweiligen Weihergebieten von Thanning und Moosham. Die Verbindung zwischen den Weihern verläuft teils auf kleinen Teerwegen.
	Am Thanninger und Mooshamer Weiher
	Im Bereich des Fischereivereins und im LSG Mooshamer Weiher; zwischen Feldkirchen und Moosham sowie dem Schlussabschnitt nach Thanning ist mit schwachem Autoverkehr zu rechnen.
Wegweiser	Zwischen Thanniger Weiher und Feldkirchen am Baum platzierte Zettel zum Gasthof Hansch
	Gasthaus Hansch, Feldkirchen, Tel. 0 81 76 - 3 60, Mo und Di Ruhetag
Karte	Kompass-Wk Nr. 180, Starnberger See – Ammersee, 1:50.000

Lindi, Lotti und Fuchsi blinzeln in die Nachmittagssonne.

Von Thanning nach Feldkirchen

Der Land- und Forstweg zum nur wenige Minuten entfernten Thanninger Weiher, der aus drei kleinen Seen besteht, beginnt am Straßenknick des Weiherwegs. Allerdings scheinen die Jagdgenossenschaft und der ansässige Fischereiverein etwas gegen Hunde zu haben (Schild: „Hunde bitte an die Leine"). Da dürfte sich das brave Hunde-Trio aber kaum angesprochen fühlen – Fuchsi, Lotti und Lindi sind hier schon so oft spazieren gegangen, dass sie das Gebiet als zweite Heimat betrachten. Trotz ihrer häufigen Präsenz sind sie noch nie auf eine Kreuzotter, Ringelnatter, Blindschleiche, Eidechse oder Bisamratte gestoßen, die das schilfumsäumte Biotop allesamt bewohnen.

Der kurzweilige Wanderweg führt am Nordufer der drei Seen entlang. Am dritten See folgt eine Rechtskurve an das Ostufer (Schilfzone nicht betreten). Am Waldrand vor dem Anstieg des Hauptweges rechts in den Pfad durch feuchte Wiesen und an den zwei T-Kreuzungen jeweils rechts halten. Ein solider Forstweg führt uns aus der Talsenke heraus. Nach der Steigung

Mexikanisches Blut

Der Chihuahua stammt aus Mexiko und gilt als kleinste Hunderasse der Welt. Umso mehr überrascht sein mutiges und selbstbewusstes Auftreten auch wesentlich größeren Hunden gegenüber. Gemäß seiner mittelamerikanischen Mentalität ist er in der Regel recht lebenslustig und kontaktfreudig. Im Gegenzug erwartet er viel Zuwendung und Liebe, die ihm aufgrund seiner witzig abstehenden Ohren und den überdimensional großen Augen meist zuteil werden.

Moorsee im
Spatenbräufilz

geht es durch Wald und über Wiesen auf den Kirchturm von Feldkirchen zu, wo das Gasthaus Hansch zu einer Einkehr lädt.

Fuchsi und Lotti am Ufer
des Thanninger Weihers

Über den Mooshamer Weiher zurück nach Thanning

Von Feldkirchen führt die Teerstraße geradeaus zum
nördlichen Ortsrand von Moosham. Der Ort wird in südlicher
Richtung auf der Eglinger Straße durchwandert, dann biegt man
rechts in die Straße Am Bergl. An den folgenden Weggabelungen
hält man sich jeweils rechts und erreicht den Mooshamer Weiher.
Die schönste Badestelle befindet sich gleich am Südufer.

Vom Badeweiher wandert man in das sogenannte Spatenbräufilz (an der Weggabelung rechts halten), das früher in Besitz
der Spatenbrauerei war. Nachdem die Moore durch Torfstich
und Trockenlegungen fast vollständig verlandet waren, erweckte
man das für Flora und Fauna so wichtige Biotop mittels Rena-
turierung zu neuem Leben. Die Holzstämme bilden in dem
braunen Moorwasser bizarre Fotomotive, der Pflanzenfreund
entdeckt neben diversen Wollgrasarten auch den Hochmoor-
Gelbling und Sonnentau.

Am Rand des Filzes hält man sich rechts und gelangt geradewegs nach Thanning. Im Ort führt die Gräfin-Justitia-Straße
geradeaus über die Haupstraße zur Schmiedbergstraße und diese
zum Wanderparkplatz am Weiherweg zurück.

Fetziges Damen-Trio

Rundwanderung am Hackensee

Conny öffnet die Autotür, Sekunden später hört man ein geräuschvolles Plätschern aus dem nahen Gebüsch: Hündin Mona hat den versteckten Tümpel auf Anhieb entdeckt. Augenblicke später gesellen sich ihre Freundinnen Gina und Sema dazu und springen voller Freude in das kühle Nass. Die Rundwanderung am sommerlich warmen Hackensee wird dem temperamentvollen Damen-Trio noch reichlich Gelegenheit für spritzige Wasserbäder bieten.

Im Hackenseebach dürfen Mona und Sema ausgiebig baden.

Mona ist mit einem Jahr die Jüngste im Bunde und dementsprechend übermütig. Sie gibt – verspielt wie ein kleines Kind – eindeutig das Tempo und den Rhythmus der Balgereien vor. Vielleicht ist das muntere Temperament des Mischling-Weibchens das Resultat ihrer spanischen Herkunft; möglicherweise hat sie auch griechisches Blut in ihren Adern. Ihre beiden Freundinnen hingegen stammen aus der Türkei. Gina, eine Kreuzung aus Schakal und weißem Schäferhund, ist im Prinzip ein scheues Wesen mit damenhafter Tugend und geht auch bei den „Wasserschlachten" eher in Deckung. Ganz anders Sema, was auf türkisch übrigens so viel wie „Himmel" bedeutet: Sie lässt sich von Mona liebend gern zum Toben und Balgen verleiten. Wie Gina ist sie ein Schäferhund-Mischling. Connys Mutter hat sie einst bei Antalia in ihrem Ferienhaus aufgefunden und später vom Tierheim nach Deutschland geholt. Ohne diese Aktion wäre das arme Tier wohl eingeschläfert worden.

Wald, Wiesen und Wasser

Vom Wanderparkplatz sind es nur wenige Meter bis zum Hackensee. Um den See auf dem schönen Wurzelsteig zu umrunden, zweigt man noch vor Erreichen des Sees nach rechts ab und überquert die versteckte Holzbrücke. Das braune Moorwasser des Hackenseebachs bietet natürlich wieder Anlass zu einer „Spritztour". Am Seeufer leint Conny aus Rücksicht-

Route	Hackensee → Pelletsmühl → Hackensee
Anfahrt	
Auto	A 8 Ausfahrt Holzkirchen, im Ort auf der B 13 (Richtung Bad Tölz) nach Großhartpenning, dort rechts nach Kleinhartpenning abbiegen und den Wegweisern zum Hackensee folgen
Start	Großer Wanderparkplatz nahe Hackensee, N 47.8474°, E 11.6495°
Charakter	Die Wanderung verläuft überwiegend im Wald und eignet sich somit auch für heiße Sommertage. Unterwegs zahlreiche Wasserstellen, zum Teil kleinere Anstiege
〰	Hackensee (am Auslauf des Sees), Weiher südlich des Hackensees, Kirchseebach bei Pelletsmühl, Hackenseebach
🐕	Am Uferweg des Hackensees; bei Pelletsmühl sind auch Radfahrer unterwegs.
Wegweiser	Die Route ist nicht beschildert.
🍴	Schreinerwirt, Kleinhartpenning, Tel. 0 80 24 - 608 42 72, 11–14 und ab 17 Uhr, Fr Ruhetag, Oktober bis März nur sonntags am Mittag geöffnet www.schreinerwirt.com
Karte	Kompass-Wk Nr. 180, Starnberger See – Ammersee, 1:50.000

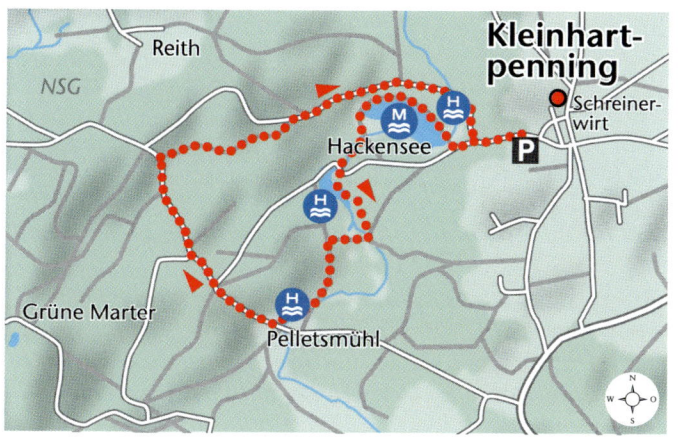

Der Spieltrieb nimmt auch nach drei Stunden im Gelände kein Ende.

Badesteg
am Hackensee

nahme auf die Badegäste ihre Hunde an, um deren Tatendrang etwas zu bremsen. Wenn sich alle Hundehalter diszipliniert verhalten, muss man nicht befürchten, dass der reizvoll in einer Moorlandschaft gelegene Hackensee in Zukunft für Hunde gesperrt wird.

Nach der partiellen See-Umrundung mündet der Pfad in den Forstweg, hier hält man sich links und zweigt an der folgenden Kreuzung nach rechts ab. Später folgt man rechts dem Weg, der mit dem Schild „Betreten auf eigene Gefahr" gekennzeichnet ist. Nach der halben Seeumrundung stoßen wir auf einen kleinen Bachlauf, dem wir rechts haltend bis zum Forstweg folgen. Vor uns breitet sich ein weiterer Weiher aus, der unsere Vierbeiner – wenn sie schon im Hackensee nicht baden dürfen – zu einer Spritztour einladen. Wir überqueren den Bach auf einer Brücke und zweigen kurz darauf in den klar erkennbaren, jedoch nicht markierten Pfad ab. Nach einer idyllischen Strecke durch lichten Wald und über eine Lichtung biegen wir rechts in einen weiteren Forstweg ab.

Nach der Bachsenke mit kleinen Weihern hält man sich an der T-Kreuzung links. An der folgenden Weggabelung bieten sich zwei Möglichkeiten an: Die linke Variante führt zum Kirchseebach, der allerdings ohne Brücke überquert werden muss. Hält man sich rechts, erreicht man den Bach und Pelletsmühl nach der Querung einer großen Wiese trockenen Fußes.

Ein kurzer, steiler Anstieg

Von Pelletsmühl folgt man dem Teerweg anfangs steil aus dem Bachtal hinaus. Nach Überwinden des Höhenrückens (hier MTB-Schildern folgen) bleibt man auf dem Hauptweg, bis in einer Senke unser Abzweig in spitzem Winkel nach rechts erfolgt. An den beiden T-Kreuzungen geht es jeweils nach rechts, dann erreicht man am später im Teufelsgraben versickernden Hackenseebach wandernd jenen Fahrweg, der rechts zum Hackensee und links zum Parkplatz führt.

Zunehmend im Trend
Mischlingshunde sind nach dem deutschen Schäferhund inzwischen bei den Hundehaltern am beliebtesten. Sie werden nach wie vor jedoch kaum gezüchtet, sondern pflanzen sich auf natürliche Weise am Wegesrand oder im Gebüsch fort.

Willkommene Erfrischung an einem heißen Sommertag: der Kirchseebach bei Pelletsmühl

Die beiden Unzertrennlichen

Von Kreuth an der Weißach in die Wolfsschlucht

Sandra hängt wie eine Klette an ihrem Frauchen Katharina, taucht Letztere mal für ein paar Minuten ab, geht sie selbst mit ihr wohlbekannten Menschen – die sie zuvor noch schwanzwedelnd begrüßt hat – keinen Schritt mehr weiter. Umgekehrt ist Katharina rasch in Sorge, wenn sich ihr treuer Hund zum Beispiel etwas unbedarft in die Nähe eines reißenden Wildwassers begibt. Bäche sind bei dieser Wanderung bei Kreuth stets präsent, aber letztlich genießen beide den Tag am sprudelnden Wasser.

B eide Damen befinden sich inzwischen in einem würdigen
Alter, sodass die Ausflüge nicht mehr ganz so weit ausfallen
wie zu Zeiten, als sie noch Gipfel erklommen. Im Tegernseer Tal
sind die Wege an der Weißach flach und gut gepflegt, Genießer
kommen hier voll auf ihre Kosten.

An der Weißach nach Wildbad Kreuth

Am Wanderparkplatz gegenüber der Weißachalm werden
wir jedoch mit einer grotesken Form Tegernseer Spießbürger-
lichkeit konfrontiert. Da sich in der Vergangenheit offenbar
betuchte Spaziergänger von Hunden belästigt gefühlt haben, ist
der linksseitige Dammweg der Weißach heute für die Vierbeiner
gesperrt. Vernünftige Hundehalter, so der Textlaut im Schild,
wechseln freiwillig das Ufer, während für unvernünftige

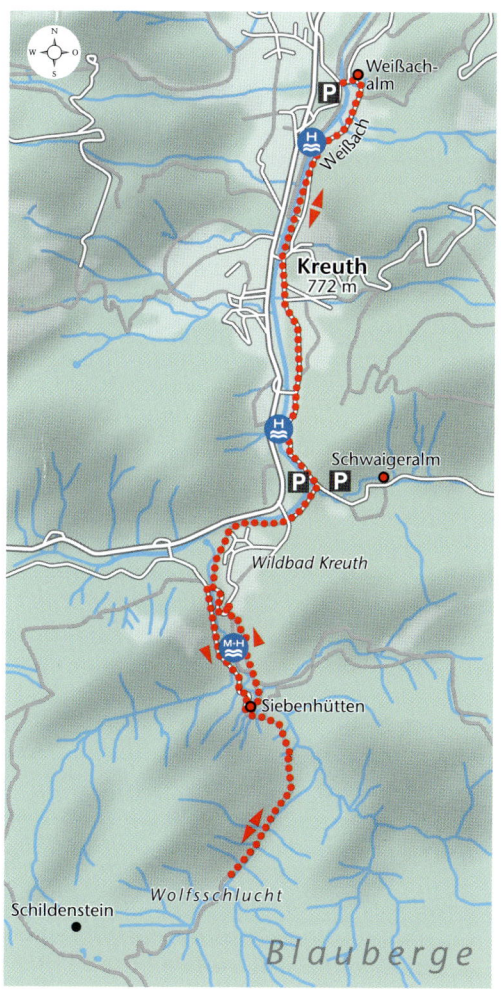

Route	Weißachalm → Kreuth → Wildbad Kreuth → Sieben-hütten → Wolfsschlucht und zurück
Anfahrt	
Auto	A8 Ausfahrt Holzkirchen, B 318 zum Tegernsee und B 307 Richtung Kreuth; ca. 1 km vor Ortsbeginn zweigt scharf links ein Sträßchen zum Parkplatz an der Weißach ab.
Start	Parkplatz gegenüber Weißachalm, N 47.656355°, E 11.752346°
Charakter	Die Wanderung verläuft auf gepflegten Wander-wegen stets in Bachnähe der Weißach. Bis zu den Siebenhütten steigt die Route nur geringfügig an, zur Wolfsschlucht wird es dann etwas steiler. Lohnende Weg-variante auf dem Rückweg nach Wildbad Kreuth
≈	Weißach, Hofbauer Weißach und Felsweißach sprudeln stets am Wegesrand.
Dog Station 🐕	Weißachbrücke an der Weißachalm
🐕	In kürzeren Abschnitten verläuft der Wanderweg zwischen Kreuth und den Siebenhütten entweder auf der oder parallel zur offiziellen Radroute; Straßenübergang in Kreuth
Wegweiser	Alle Wegziele sind bestens beschildert.
🍴	Weißachalm, Kreuth, Tel. 0 80 29 - 335, Mo und Di Ruhetag; Siebenhütten, Weißachtal (Juni bis Oktober)
Karte	Kompass-WK 8 Tegernsee, 1:50.000

Die Kreuther Uferpromenade
und die an dieser Stelle zahme
Weißach sind für kleine Hunde
wie Sandra wie geschaffen.

Gutes Gehör, aufwendige Fellpflege

Shih-Tzus haben ein ausgezeichnetes Gehör, weshalb sie bereits im 7. Jahrhundert in Tibets Klöstern als Wachhund gedient haben sollen. Die Mönche wollten keine größeren Wach- oder Hütehunde in ihre Tempel lassen. Allerdings gestaltet sich die Pflege des zotteligen Löwenhundes oft als schwierig; vor allem, wenn das Fell bis zum Boden hinabhängt, ist es besonders schmutzanfällig. Von Sandra ist bekannt, dass sie schlammigen Pfützen etwa nicht gerade aus dem Weg geht. Und altersbedingt ist es mit ihrem Gehör auch nicht mehr zum Besten bestellt.

Hundehalter besagter Dammweg unter Androhung von Bußgeldern verboten ist (was im Umkehrschluss bedeuten könnte, dass die Vernünftigen den Weg doch benutzen dürften).

Glücklicherweise führt auch der rechte Dammweg zum Ziel. Vom Wanderparkplatz fehlt nur ein kurzes Stück bis zur Weißachbrücke an der Weißachalm. Auf dem Weg nach Kreuth bleibt man stets am Wasser, Abstecher zu einladenden Kiesbänken sind unterwegs möglich. Auch in der Folge ändert sich der Wegcharakter kaum: Wald, Wasser und gepflegter Weg. In Wildbad Kreuth stößt man auf den Abzweig zu den Siebenhütten. Zwar wird der breite Kiesweg auch von Radfahrern benutzt, es gibt jedoch weitgehend die Möglichkeit, auf den direkt am Wasser entlangführenden Pfad auszuweichen.

Abstecher in die Wolfsschlucht

Bei den Siebenhütten beginnt der Anstieg in die großartige Wolfsschlucht. Nach der Waldpassage verengt sich das Tal, das nach anregender Wegpassage im Kiesbett der Felsweißach abrupt am Wasserfall endet. Hier beginnt der Aufstieg zum Blauberggrat, für den jedoch Mensch wie Tier gleichermaßen trittsicher und schwindelfrei sein müssen.

Grund genug, an dieser Stelle umzukehren und auf demselben Weg zurückzuwandern. Mit einer Ausnahme: Zwischen den Siebenhütten und Wildbad Kreuth gibt es auf der anderen Bachseite eine äußerst reizvolle Wegalternative, die allerdings einen kurzen steilen Anstieg beinhaltet.

Wildschutzgebiet beachten

Von Dezember bis März hat die Herzogin Helene in Bayern den Rundweg von Wildbad Kreuth zu den Siebenhütten für Hunde sperren lassen. Das Gebiet wurde im Dezember 2017 zum Wildschutzgebiet erklärt.

Die Hofbauernweißach ist ein Zufluss der Weißach. Unterhalb der Siebenhütten finden sich schöne Badegumpen, in denen sich Mensch und Hund gleichermaßen erfrischen können.

Hunde-Badestrand am Tegernsee

Wer die Wanderung verkürzen will, kann wahlweise auch in Kreuth oder Wildbad Kreuth in die Route einsteigen (große Parkplätze). Wer von Kreuth hingegen nach Norden wandert, erreicht nach 7,5 km an der Weißach das Tegernseeufer, wo es direkt an der Mündung zum Hunde-Badestrand Schorn geht.

Kamelduft im Mangfalltal

Rundweg zwischen Grub und Valley

Das Mangfalltal zählt dank seines schluchtartigen Verlaufs zu den schönsten Fluss-tälern im Oberland. Vor allem die Passage südlich des Mangfallknies ist mangels beschilderter Routen nie überlaufen; die Pfade am Wasser etwa kennen nur Orts-kundige. Etwas irritiert ist Sheila zeitweise über den fremdartigen Geruch: Esel und Pferde kannte sie schon, aber dass es in dieser Gegend Kamele gibt, ahnte sie nicht.

Stephanie mit Sheila am Mangfallknie

Der Kamelhof mit Dromedaren, Lamas und Eseln befindet sich schräg gegenüber vom Gruber Wanderparkplatz. Die „Wüstenschiffe" gibt es im Mangfalltal bereits seit über 25 Jahren, doch früher hatten sie in Breitmoos ihr Zuhause. Gut möglich, dass wir sie bei einem geführten Ausritt mit den Kameltreibern Konstantin und Bianca erblicken.

Wurzelpfade im Mangfalltal

Das kleine Sträßchen von Grub hinab zum Mangfallknie ist an Wochenenden und Feiertagen für den öffentlichen Verkehr gesperrt. Doch auch zu Fuß erreicht man das tief in die bewaldete Landschaft eingeschnittene Flusstal bequem nach 700 Metern. An der Mangfallbrücke breitet sich ein Kiesbett mit kleinen Badestellen aus. Wir folgen der Straße in Richtung Kleinhöhenkirchen, bevor wir rechts in den Landwirtschaftsweg nach Breitmoos abzweigen. Nach Passieren des eingezäunten ehemaligen Kamel-Grundstücks taucht der Wanderweg in den Wald ein.

Viel interessanter als der Forstweg sind die Pfade direkt am Flusswasser. Hierzu zweigen wir von der offiziellen Route rasch nach rechts in einen deutlich sichtbaren, aber ungepflegten Weg ab und erreichen an einer Flussschleife das malerische Ufer der Mangfall. Hier geht es auf etwa fußbreiten Pfaden entlang der teils steilen und üppig bewachsenen Uferböschungen weiter. Bei Weggabelungen wählen wir im Zweifelsfall den zum Wasser hinführenden Pfad. Unterwegs ist die sprudelnde Mangfall immer wieder

Route	Grub → Mangfallknie → Mangfallbrücke → Valley → Hohendilching → Grub

Anfahrt		Mit der S 7 von München zur Kreuzstraße; am Bahnübergang durch den Teufelsgraben zum Mangfallknie
Auto		A 8 Ausfahrt Hofolding, Landstraße über Aying nach Großhelfendorf, am südlichen Ortsrand rechts abbiegen und dann links der kleinen Straße nach Grub (Parkplatz) folgen. Das kleine Sträßchen in das Mangfalltal ist werktags befahrbar; Parkmöglichkeit dann an der Brücke am Mangfallknie
Start		Rosenheimer Straße, N 47.9246°, E 11.7784°
Charakter		Die Tour verläuft wechselweise auf Fahr- und Forstwegen sowie auf verschlungenen Pfaden im Mangfalltal. Insgesamt viel Schatten und Wasser, daher ideal für sommerliche „Hundstage". Bei oder nach starkem Regen sind die breiten Wanderwege den Pfaden in Ufernähe vorzuziehen.
		Die Mangfall ist mit ihren Bachzuläufen während der Tour oft in Reichweite.
		Teerstraße zwischen Grub und Mangfallknie, in Hohendilching
Wegweiser		Der Rückweg von der Valleybrücke ist inzwischen gut beschildert.
		Gasthaus Vordermaier, Tel. 0 80 24 - 30 37 60 Hohendilching
Karte		Kompass-Wk Nr. 7, Rosenheim-Bad Aibling, 1:50.000

Sheilas Sprungübung

im flachen Wasser

präsent. Im Fluss zu planschen und nach geworfenen Steinen abzutauchen ist für Sheila der pure Spaß. Bei der starken Strömung erweist sich das Spiel jedoch als echte Herausforderung.

Wieder außerhalb des Waldes stoßen wir auf eine Fußgängerbrücke, auf der wir für den Abstecher zur Fischzucht März die Mangfall in Richtung Anderlmühle überqueren können und rechts haltend nach 200 Metern die Fischer Hütt'n erreichen. Hier sitzt man in Sichtweite der Fischweiher idyllisch unter Bäumen. Die Öffnungszeiten hängen jedoch auch vom Wetter und Fischangebot ab. Auch beim Anstieg nach Hohendilching können wir später noch den beschilderten Abzweig zur Fischzucht starten.

In Aumühle entfernt
man sich vom Fluss.

Wendepunkt Mangfallbrücke

Unsere Hauptroute führt von der Brücke geradeaus bis zur Autobrücke bei Valley. Dabei bleiben wir zunächst am malerischen Flussufer, bevor wir vor Erreichen der Brücke erst auf den Forstweg und dann auf die kleine Teerstraße stoßen. Nach Überqueren der Brücke ist der Rückweg nach Grub gut beschildert. Nach wenigen hundert Metern auf dem geteerten Aumühler Weg führt der aufgrund eines Hangrutsches neu angelegte Steig durch die Uferböschung nach Aumühle. Oberhalb der Siedlung erkennt man bereits den Kirchturm von Hochendilching. Der Ort ist mit seiner Kirche und dem Gasthaus Vordermaier rasch passiert. Wir wandern geradeaus in Richtung Grub. Auf dem folgenden Waldabschnitt sind die Kamele von Zeit zu Zeit auf Wanderschaft. Zwischen Mangfallknie und dem Parkplatz in Grub stößt der schöne Wanderweg wieder auf die kleine Asphaltstraße.

Sheila überlegt, ob sie sich ein weiteres Bad gönnen soll.

Sandra im Abendlicht

Rundtour im Leitzachtal bei Fischbachau

Blick auf den Breitenstein
bei Elbach und
eine flitzende Sandra

Nachdem sich Sandra den ganzen Nachmittag auf einer familiären Geburtstagsfeier gelangweilt hat, gibt es in den Abendstunden doch noch den lang ersehnten Auslauf. Wie entfesselt sprintet sie am Leitzachufer leichtfüßig mit wehenden Ohren voraus und genießt die kühle Abendluft. Zwischendurch immer wieder ein Blick zurück zu ihren menschlichen Begleitern, die dem rasanten Tempo an diesem Tag nicht ganz gewachsen sind. Bald wird die Sonne hinter dem Bergrücken verschwinden, die Zeit drängt also.

Spazierwege im Leitzachtal haben ihren eigenen Reiz. Insgesamt ist die Leitzach zwischen der Quelle am Ursprungsattel und der Mündung in die Mangfall nur gut 33 Kilometer lang, aber auf dieser Strecke durchfließt sie eine ausgesprochen malerische Landschaft. Während der Eiszeit gab es sogar einen Leitzachgletscher mit breitem Eisstrom bei Fischbachau und einer stattlichen Endmoräne bei Elbach. Sich die Leitzach als eisigen Gletscherbach vorzustellen, bedarf heute jedoch einiger Fantasie.

Unterwegs ein Sprung ins Wasser

Gleich zu Beginn führt die Wanderroute drei Kilometer lang Richtung Norden direkt am Leitzachufer entlang. In regelmäßigen Abständen springt Sandra in das Kiesbett hinab, um sich dort umzusehen und ein wenig im kühlen Wasser spazieren zu gehen. Eine Forelle oder einen Karpfen, die Angler von Zeit zu Zeit aus dem Fluss fischen, hat sie aber nicht aufstöbern können.

Vor der zweiten Bachbrücke wandert man zwischen Fluss und Feld, hier sollte im Interesse der Landwirtschaft etwaiger Hundekot beseitigt werden. Nach dem Brückenübergang führt die Route halbrechts in Richtung Elbach. Am Rand der großen Wiese beginnt anfangs in Begleitung eines kleinen Bachs der Aufstieg durch den Wald. Eine Kiesgrube wird passiert, dann erreicht man den Weiler Endstall. Die verstreuten Bauernhöfe, zum Teil seit Jahrhunderten in Familienbesitz, sind charakteristisch für das Leitzachtal. Viele Höfe sind liebevoll mit Blumen geschmückt.

Mit Blick auf den Kirchturm von Elbach und den Breitenstein wandert man auf die kleine Teerstraße zu, die uns rechts nach Ried führt. 300 Meter südlich zweigt rechts das Sträßchen Richtung Sonnenholz ab, dann geht es rechts auf eine markante Kiesgrube zu. Am Haus Stocker 1 biegt man links in den Kies weg und wandert geradewegs in den Wald. Nach kurzem Abstieg stößt man wieder auf das Teersträßchen, auf dem es rechts zur ersten Bachbrücke der Leitzach zurückgeht. Von hier ist der Parkplatz nur noch gut einen Kilometer entfernt.

Route	Fischbachau → Elbach → Ried → Fischbachau
Anfahrt	
Auto	A 8 Ausfahrt Weyarn, B 307 über Schliersee oder von Miesbach über Parsberg und Hundham nach Fischbachau; im Ort von der Hauptstraße in die Lehenpointstraße
Start	Parkplatz nach der Leitzachbrücke, N 47.7191°, E 11.9350°
Charakter	Die Hälfte der Strecke verläuft auf schönem Wiesenpfad unmittelbar am Ufer der Leitzach. Der Abstecher nach Elbach führt durch Wald und über Wiesen vorübergehend auf eine kleine Teerstraße. Mäßig steiler Anstieg aus dem Leitzachtal
≈	Leitzach, Elbach am Waldrand
🐕	Kuhweide an der Leitzach, zwischen dem Ort Elbach und dem Leitzachtal geringfügiger Autoverkehr möglich
Wegweiser	Wanderweg W8 zwischen Fischbachau und nördlicher Bachbrücke
Karte	Kompass-WK 8 Tegernsee – Schliersee – Wendelstein, 1:50.000

Sandra, Katrin und Katharina am Leitzachufer

Verspielt und kinderlieb

Von Au in das Achtal

Seit der kleine Florentin das Licht der Erde erblickt hat, gilt Sammy nicht mehr die alleinige Aufmerksamkeit im Haus. Um den Labrador-Mischlingshund an sein neues „Geschwister" zu gewöhnen, hat Tina ihm anfangs eine volle Windel vor die Nase gehalten. Kleine Maßnahme, große Wirkung: Sobald das Kind schreit, schaut Sammy postwendend nach dem Rechten. Wenn man das über 50 Kilo schwere Kraftpaket tollkühn durch die Landschaft sprinten sieht, mag man diese Feinfühligkeit, die er auch alten Menschen gegenüber zeigt, kaum für möglich halten …

Spritz- und Kneipptour im Achtal

Ein Ausflug in die Berge ist für Sammy wie ein Sechser im Lotto. Bereits am Wanderparkplatz ist der Drang nach Auslauf so groß, dass man ihn kaum an der Leine halten kann. Als ob er das Achtal im Sturm erobern wollte! Das Element Wasser wird ihn an diesem Tag zu zahlreichen Spritztouren verleiten!

Kleine Eskapaden und ein Anekdötchen …

Im Rahmen einer Tierrettungsaktion wurde der im Juni 2008 geborene Sammy als Welpe von der griechischen Insel

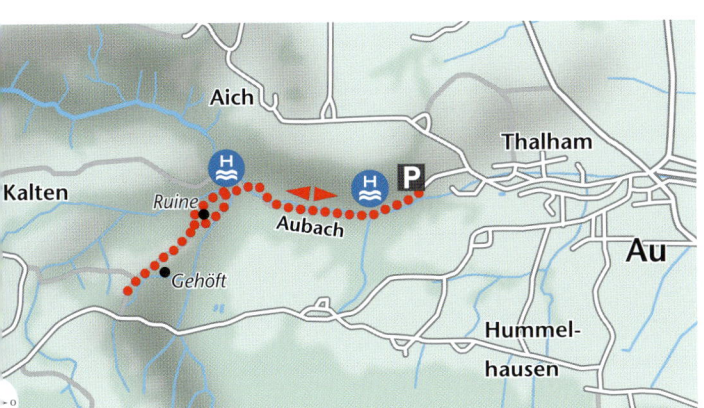

Route	Au → Achtal → Altenwaldeck → Gehöft → Achtal → Au
Anfahrt	
Auto	A 8 Ausfahrt Bad Aibling, St2089 Richtung Bad Feilnbach, an der Kreuzung rechts auf der St2010 nach Au, im Ort wenige Meter links Richtung Bad Feilnbach, rechts in die Schmiedgasse, nochmals rechts in die Achthaler Straße und links in das beschilderte Achtal
Start	Parkplatz am Beginn des Forstweges, N 47.7966°, E 11.9579°
Charakter	Kurze Bach-Wald-Wiesen-Wanderung im Achtal bei Au mit breiten Wegen im Talboden und teils steilen Steigpassagen an der Ruine Altenwaldeck
〰️	Aubach im Achtal
Wegweiser	Die Ruine Altwaldeck ist beschildert.
Karte	Kompass-WK 8 Tegernsee – Schliersee – Wendelstein, 1:50.000

Mykonos ausgeflogen. Glücklicherweise scheint der Geselligkeit liebende Hund noch keine schlechten Erfahrungen gemacht zu haben. Das hätte sich vielleicht an jenem Tag ändern können, als er sich auf einer Schafweide plötzlich einem erbosten Bauern mit Heugabel gegenüber sah. In einer Koppel stand er mal einer Gruppe Pferden gegenüber, die sich gegen den stürmischen Eindringling bereits zu formieren begann. Und in einem Hühnerstall hat er sich einen Gockel gepackt und geschüttelt, bis Federn durch die Luft wirbelten, was für Hahn und Hund zum Glück ohne Folgen blieb.

Einmal schütteln ist erlaubt!

Sammys Spieltrieb und griechischer Charme gehen so weit, dass er auch vor kleinen Scherzen nicht zurückschreckt. Dietrich erzählt: „Nach einer feucht-fröhlichen Party hatten mal etliche Gäste bei uns in der Wohnung übernachtet. Am nächsten Morgen saßen die Freunde beim Frühstück, als Sammy plötzlich erhobenen Hauptes und mit wedelndem Schwanz in die Küche getrabt kam. Aus seiner Schnauze lugte ein sehr apartes rotes Höschen mit Spitzen, das er sich vom Nachtlager einer jungen Dame stibitzt hatte. Der Brüller der Frühstücksrunde, auch wenn sich Verena für ihren Slip wahrlich nicht zu schämen brauchte!"

Gegenüber Florentin zeigt sich Sammy stets von seiner sanften und liebevollen Seite.

Bachtal und Burgruine

Vom Wanderparkplatz führt ein kinderwagentauglicher Weg – gut für den ersten größeren Frischluft-Ausflug vom kleinen Florentin! – direkt in das Achtal (Schild mit Richtungspfeilen „Info über Burg Altenwaldeck"). Anfangs begleitet uns nicht nur der muntere Aubach, sondern auf der anderen Seite auch ein vom Fluss abgeleiteter Kanal. Sammy erkundet unter heftigem Spritzen abwechselnd beide Gewässer. Wenn er sich anschließend ausgiebig schüttelt, heißt es in Deckung gehen!

An der zweiten Bachbrücke endet der breite Weg abrupt. Zwei Steige führen von der schönen Picknicknische zur Altenwaldecker Ruine: Wir wählen die rechte Variante (Hinweistafel „Begehen des Steiges auf eigene Gefahr"), um später auf dem linken Weg zurückzukehren. Florentin zieht vom Kinderwagen in die Babytrage um, dann geht es anfangs über Stufen bergan. In der kleinen Einsattelung zweigt nach links der steile Pfad zu der Ruine ab. Von der mittelalterlichen Burg, die 1568 aufgegeben, 1603 nach dem Verfall verkauft und 1721 für den Kirchenbau zu Au gänzlich abgerissen wurde, ist heute kein Stein mehr zu sehen. Ohne Infotafeln würde man sich leicht verschaukelt vorkommen, zumal auch die Aussicht auf der Waldkuppe gegen Null tendiert. Am meisten Eindruck machen die moosbedeckten Riesen-Wurzeln der Gipfel-Buche.

Gehöft mit Ausblick

Nach dem kurzen Abstecher kehren wir zur bewaldeten Einsattelung zurück. Bevor wir links auf dem Pfad in den Talboden – auch hier findet Sammy herrliche Badegumpen in einem Zufluss des Aubachs! – absteigen, überwinden wir geradeaus wahlweise auf dem neuen Weg oder auf Pfadspuren am leicht sumpfigen Waldrand entlang noch eine kleine Höhenstufe bis zu einem von Obstbäumen umsäumten Gehöft. Diese kleine Zugabe verschafft unvermittelt freien Blick in Richtung Alpenvorland. Auf Höhe des Bienenhauses und der öffentlichen Wassergewinnungsanlage sollten wir wieder kehrt machen, da der Weg geradeaus zu einer befahrenen Straße führen würde.

Am Gehöft spaziert man an schönen Obstbäumen vorbei.

Wasserkraft und Gletscherschliff
Von Einsiedl in das Falkenseetal

Inzell ist kinder- und hundefreundlich, es gibt offizielle Wanderwege für Kinderwagen und weithin keine Verbotsschilder für die Vierbeiner. Besonders reizvoll sind die Wanderwege im Falkenseetal mit zwei Seen, zwei Bächen und der einzigartigen Weißbachquelle. Der Gletschergarten ist ein beeindruckendes Relikt aus der Eiszeit.

Der Falkensee (o.) ist von Einsiedl (u.) etwa eine Dreiviertelstunde entfernt.

Wer die Wanderung an der kleinen Kirche von Einsiedl beginnt, genießt zudem den weiten Blick auf das Inzeller Becken mit den umliegenden Bergen. Hinter der Kirche wandert man links an den Fuß des Gamsknogels, dann rechts hinab in das Falkenseetal.

Über den Falkensee zur Weißachquelle

Etwa 30 Meter vor der Bachbrücke, an der ein Naturdenkmal zum Thema „Wald und Kunst" zu bewundern ist, folgen wir links dem unscheinbaren Weg in Richtung Süden. Noch vor Erreichen des Seeufers passiert man eine Weide mit Galloway-Rindern. Dann führt der Steig direkt am See entlang durch das Naturschutzgebiet. Vor allem am teils moosbewachsenen Ufer sollte man sich der Vögel zuliebe quasi auf Zehenspitzen fortbewegen; Hunde mit Jagdinstinkt gehören hier an die Leine.

Der Weg mündet in den parallel verlaufenden Hauptweg, den wir allerdings nach wenigen Metern auf dem Schotterweg wieder nach links verlassen. Nach Passieren einer Sturmschneise im Wald stößt man an den Weißbach, an dessen Ufer ein gut ausgetretener Pfad teils steil zur Quelle führt. Hier kann man die Urkraft des Wassers, das aus dem Boden unterhalb der Felsen hervorsprudelt, um anschließend geräuschvoll zu Tale zu donnern, hautnah spüren.

Abstecher zum Gletschergarten

Zurück an der Abzweigung hält man sich links und erreicht abermals den Falkenstein-Rundweg. Von der folgenden Weggabelung sind es nur rund zehn Minuten bis zum Naturdenkmal Gletschergarten, das direkt über der Alpenstraße liegt und in den gesamten Ostalpen seinesgleichen sucht. Der Fels ist hier derart glatt geschliffen und ausgewaschen, dass man die Ähnlichkeit zum Gletscherfluss sofort erkennen kann. An dieser Stelle soll das Eis während der Eiszeit 400 Meter dick gewesen sein. Faszinierend sind die sogenannten Riesentöpfe, skurril geformte Felsblöcke, die durch die Kraft des Wassers ausgewaschen wurden.

Rückweg über den Krottensee

Als Rückweg durch das Falkenseetal bietet sich der beschilderte Falkenstein-Rundweg an. Nördlich des Falkensees zweigt nach links ein für Reiter verbotener Weg zum versteckt im Wald liegenden Krottensee ab. Wer diesen kleinen Abstecher mit einer Seeumrundung krönen will, nimmt besser eine Abzweigung vorher. Am nördlichen Talausgang folgt man dem Wanderweg nach Breitmoos. Von dort geht es auf dem Teerweg in Richtung Kapelle, bevor ein schöner Wiesenpfad zu der weithin sichtbaren Einsiedler Kirche zurückführt.

Route	Einsiedl → Falkensee → Weißbachquelle → Gletschergarten → Krottensee → Einsiedl
Anfahrt	
Auto	A 8 Ausfahrt Traunstein / Siegsdorf und weiter auf der B 306 nach Inzell. Im Ort links den Straßen nach Teisenberg und Einsiedl folgen
Start	Parkplatz an der Kirche Einsiedl N 47.7682°, E 12.7808°
Charakter	Zwei Routen führen durch das wasserreiche Falkenseetal: Hinzu geht es auf versteckten Pfaden und Wegen zuletzt steil zur Weißbachquelle, auf dem Rückweg wandern wir auf dem breiten, offiziellen Wanderweg. Lohnend ist auch der Abstecher zum Gletschergarten.
〰〰	Falkenbach, Falkensee, Weißbachquelle, Krottensee, Bach im Inzeller Becken
🐕	Während der Vogelbrutzeit im Uferbereich des Falkensees
Wegweiser	Der offizielle Wanderweg ist mit „Rund um den Falkenstein" ausgeschildert.
Karte	Kompass-Wk Nr. 14, Berchtesgadener Land – Chiemgauer Alpen, 1:50.000

Der Weißbach nur wenig unterhalb seiner eindrucksvollen Quelle

Bergwandern und
Bergsteigen

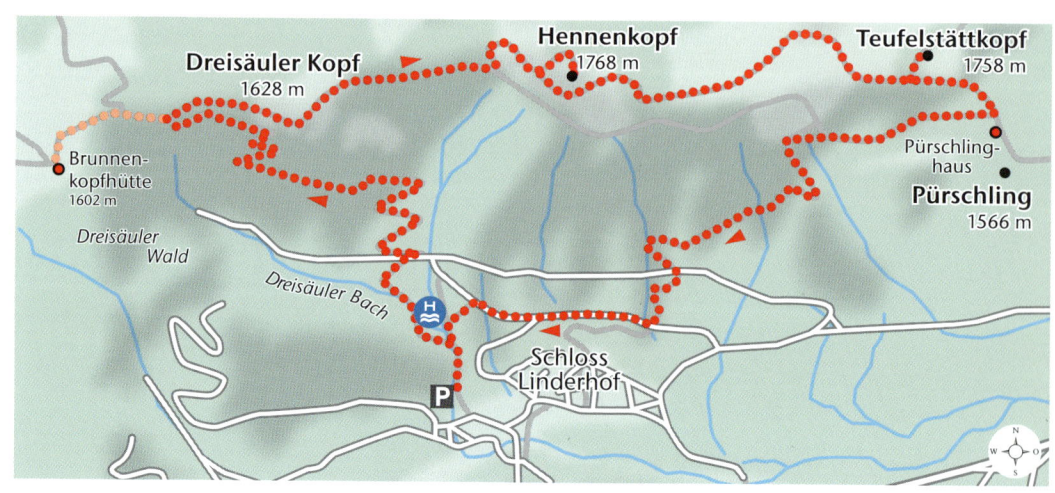

Karin, Sepp und Tiger beim Anstieg
zum Hennenkopf

Panoramawege im königlichen Jagdrevier

Hoch über Schloss Linderhof auf Hennenkopf und Pürschling

Dreisäuler Kopf
1628 m

Hennenkopf
1768 m

Teufelstättkopf
1758 m

Brunnen-
kopfhütte
1602 m

Pürschling-
haus

Pürschling
1566 m

Dreisäuler
Wald

Dreisäuler Bach

Schloss
Linderhof

König Ludwig II. ging oberhalb von Schloss Linderhof einst gerne auf die Pirsch. Auch heute sind die
Wälder zwischen Hennenkopf und Pürschling noch
voller Rehe und Gämsen. Hunde mit Jagdtrieb sind
hier also fehl am Platz. Andererseits: Bei der Länge
der Tour müssen Mensch und Tier ihre Kräfte wohl
dosieren. Und Hütehunde wie Sheila und Tiger
kommen sowieso nicht so schnell auf Abwege.

Von Linderhof zum Hennenkopf

D er Weg zur Brunnenkopfhütte beginnt am oberen west-
lichen Parkplatz von Schloss Linderhof. Da diese Tour
relativ lang ist und man früh aufbrechen sollte, wird man vom
Schlossrummel der Touristen nicht viel mitbekommen. Der
erste Teil des Anstiegs verläuft durch Wald am rauschenden
Bach des Dreisäuler Grabens. Später klettert der Weg in Serpentinen den lichter werdenden Hang empor. Dann stößt man auf
den Wegverzweig zum Pürschlinghaus. Aufgrund des schönen
Klammspitzen- und Lindertalblicks lohnt sich der kurze Abstecher zur Brunnenkopfhütte, die jedoch nicht sonderlich
hundefreundlich ist. Auf dem Weg dorthin passiert man eine
Wasserquelle.

   Wieder zurück an der Gabelung folgt man dem ansteigenden, mit E4 markierten Maximiliansweg in Richtung
Pürschling. Er führt an der Südseite des Dreisäuler Kopfs
entlang und quert die Abhänge in östlicher Richtung. Dann
zweigt man nach links zum beschilderten Hennenkopf ab.

Route	Linderhof → (Brunnenkopf-hütte) → Hennenkopf → Teufelstättkopf → Pürschlinghaus → Linderhof
Anfahrt	
Auto	A95 Garmisch-Partenkirchen, in Oberau nach Ettal abzwei-gen und Beschilderung über Graswang nach Linderhof folgen.
Start	Gebührenpflichtiger Parkplatz am Schloss Linderhof, Fahr-zeug so weit wie möglich links oben abstellen. N 47.5699°, E 10.9542°
Charakter	Diese lange Panoramatour lebt von den vielen Land-schaftswechseln und geht an die Kondition. Bei der Querung vom Hennenkopf zum Pürschling warten noch einmal kleine Gegenanstiege. Beim Abstieg auf dem schma-len Steig sind Mensch wie Hund schon ein wenig müde. Trittsicherheit erforderlich
	Dreisäuler Bach im Aufstieg, Quelle beim Abstecher zur Brunnenkopfhütte, Quelle zwischen Hennenkopf und Laubeneck, zwei querende Bäche im Abstieg
	Hunde mit Jagdtrieb müssten ständig an die Leine und sollten daher nicht auf diese Tour mitgenommen werden.
	Brunnenkopfhütte, Tel. 01 75 - 654 01 55, Mai bis Oktober, www.brunnenkopfhuette.eu; August-Schuster-Haus (Pürschlinghaus), Tel. 0 88 22 - 35 67, www.dav-bergland.de/augustschusterhaus.html
Karte	Nr. 7, Werdenfelser Land mit Zugspitze, 1:35.000

Karin, Sepp und Tiger beim Anstieg
zum Hennenkopf

Sheila beäugt die Umkleide-aktion von Micha und Karin auf dem Hennenkopf, ...

Der Steig windet sich den steilen Grashang empor und führt zuletzt durch felsiges Terrain zum 1768 Meter hohen Gipfel, der mit zwei Hunden und sechs Personen schon ganz gut ausgefüllt ist. Imponierend ist der Tiefblick nach Süden die steile Felswand hinab.

Über das Pürschlinghaus nach Linderhof

Vom Gipfel steigt man zunächst auf der Aufstiegsroute ein Stück weit hinab, dann folgt man an der Südseite des Hennenkopfs links dem Pfad in Richtung Osten. Nächstes Ziel ist das Laubeneck, dessen Gipfel allerdings links umgangen wird. Die Querung des folgenden Steilhangs erfordert Tritt-sicherheit. Dann steigt der Pfad zu einer Einsattelung am Teufelstättkopf an; der 1758 Meter hohe Gipfel ist zum Greifen

nah, das letzte, drahtseilgesicherte Stück für die meisten Vierbeiner jedoch zu schwierig. Keine Probleme bereitet der finale Abstieg zum Pürschlinghaus.

Wer wie wir Ende Oktober nicht rechtzeitig den Absprung von der Hütte schafft, dem droht beim Abstieg die Dunkelheit. Nach anfänglicher Hangquerung geht es durch steiles, teilweise felsdurchsetztes Gelände hinab. Später taucht der Weg in dichteren Wald und führt rechts an einem Zaun entlang im Bogen zum Parkplatz zurück. Im letzten Abschnitt waren wir froh, dass Sheila in der Dunkelheit die Führung übernahm; das Weiße in ihrem Fell war für unsere Orientierung gerade noch hell genug.

... dessen enger Gipfel mit unserer Gruppe schon gut ausgefüllt ist.

Knuddeltier auf Tour

Von Oberammergau auf den Großen Aufacker

Wer an einem goldenen Oktobersonntag seinen Hund auf dem Altherrenweg bei Oberammergau Gassi führt, muss unter Umständen das Doppelte der normalen Gehzeit einplanen. Zumindest dann, wenn der eigene Vierbeiner den Kontakt zu seinen Artgenossen nicht verschmäht und ausgiebig auf Beschnupperungstour geht. Zum schönsten Hund haben wir an diesem Tag einen Bobtail auserkoren, der den Ausflug mit seinem Schongauer Frauchen Caroline sichtlich genießt.

N och mehr als andere Hunde fahren in der Regel Kinder auf den Bobtail ab. Sein flauschiges Fell verleitet zum Knuddeln und sein gutmütiger Blick verzückt nicht nur Kinderherzen. Ende des 20. Jahrhunderts war er als Familienhund derart in Mode gekommen, dass sein ursprüngliches Wesen immer mehr missachtet wurde. Denn bei aller Liebe sollte man die Schmuseeinheiten nicht auf Kosten des dringend benötigten Auslaufs betreiben. Außerdem braucht er eine konsequente Erziehung, was in Familien häufig nicht der Fall ist. Heute ist der Modetrend glücklicherweise wieder abgeflaut.

Rundtour am Großen Aufacker

Als Zugabe zum frequentierten Altherrenweg lohnt der Aufstieg zum Aufacker. Die Wanderung beginnt am großen

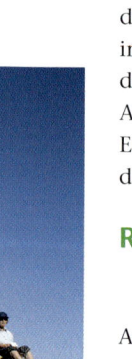

Der verlockende Gipfel des Großen Aufacker, ...

... doch die beiden Schongauer Damen bleiben mit ihrem Bobtail lieber auf dem Altherrenweg.

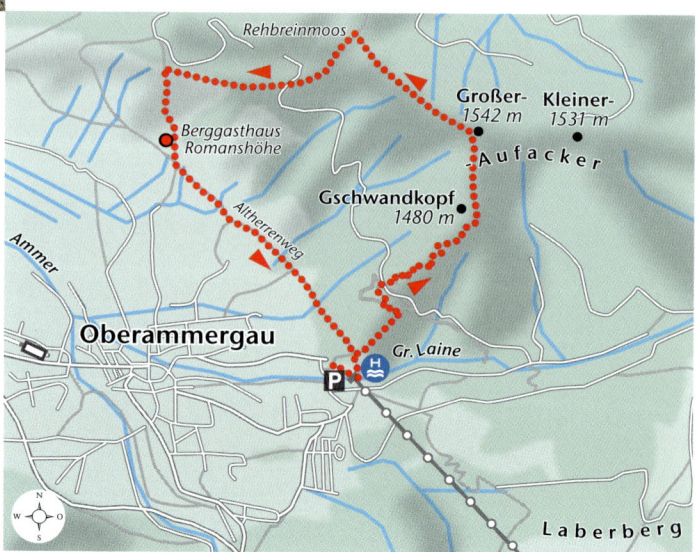

Route	Oberammergau → Aufacker → Rehbreinmoos → Romanshöhe → Oberammergau

Anfahrt	
	Zugverbindung nach Oberammergau (in Murnau umsteigen). Route zum Wanderparkplatz: Bahnhof-, Dorf- und St.-Lukas-Straße, Große Laine überqueren, In der Breitenau, Himmelreich (3 km)
Auto	A 95 Garmisch-Partenkirchen, B 23 nach Oberammergau und zum großen Wanderparkplatz an der Laber-Bergbahn (Schilder im Ort)
Start	Himmelreich, N 47.597757°, E 11.085184°

Charakter	Der Aufstieg erfolgt überwiegend durch Wald, zum Teil in Kehren und insgesamt sehr moderat. Schöne Querung in Kammhöhe zum Rehbreinkopf und nachfolgender Abstieg zur Romanshöhe. Zuletzt auf dem genussreichen Altherrenweg zum Ausgangsort
	Nur im Bereich des Altherrenwegs: Große Laine in Nähe des Parkplatzes, zwischen Romanshöhe und Parkplatz quert man mehrere Bäche.
	Berggasthof Romanshöhe, Tel. 0 88 22-9 44 45, täglich außer Mo 10–18 Uhr, im November Betriebsruhe
Wegweiser	Aufacker und Romanshöhe sind beschildert, die Schlussquerung verläuft auf dem Altherrenweg.
Karte	Kompass-Wk Nr. 05 Oberammergau und Ammertal, 1:35.000

Wanderparkplatz an der Laber-Bergbahn. Nach kurzer Passage auf dem Altherrenweg zweigt der markierte Steig nach rechts ab. Zunächst geht es wechselweise durch Wald und über freie Wiesen empor, später verdichtet sich der Wald. Der 1542 Meter hohe Aufacker ragt soeben aus dem Waldgürtel heraus, sodass der schöne Ausblick auf die Ammergauer Berge gewährleistet ist.

Nach der Gipfelrast wandert man ohne großen Höhenverlust auf dem breiten Bergkamm in das Rehbreinmoos. Noch vor dem Gegenanstieg zum Rehbreinkopf beginnt links der eigentliche Abstieg zur Romanshöhe. Achtung: Der erste Forstweg wird leicht versetzt überquert, und zuletzt ist auf dem steinigen Hohlweg festes Schuhwerk von Vorteil. Am Berggasthof stößt man auf den Altherrenweg, der uns auf rund drei Kilometer Länge in leichtem Auf und Ab zum Ausgangsort zurückführt. Unterwegs genießt man immer wieder freien Blick auf Unter- und Oberammergau mit dem steil aufragenden Kofel im Hintergrund. Und die Vierbeiner freuen sich auf ihre Artgenossen, die sie hier im Gegensatz zum Berg so zahlreich antreffen.

Sehnsucht Auslauf am Berg

Von Jachenau auf den Hirschhörnlkopf

Lucky liebt das Autofahren. Voller Vorfreude auf einen schönen Ausflugstag legt er seine linke Pfote an die Fensterscheibe der Rückbank und blickt erwartungsfroh in die Ferne. Perfekt wäre es, wenn ihm der Fahrtwind am geöffneten Fenster um die Ohren wehen würde, doch hierfür ist es an diesem feuchten November-tag zu kühl. Bei der Rundtour am Hirschhörnlkopf wird der zwei Jahre alte Golden Retriever ohnehin noch ausreichend Frischluft tanken können.

Endlich Sonne: Auf das Gipfel-Posing hätte Lucky vermutlich verzichten können ...

Wenige Meter vom Jachenauer Wanderparkplatz (Ww. Hirschhörnlkopf) entfernt treffen wir auf einen Spazier-gänger mit einem Mischlingshund, wodurch Lucky seinen Spieltrieb – Jagdszenen auf der angrenzenden Wiese inklusive – sogleich ausleben kann. „Er ist verrückt nach anderen Hun-den", erzählt Maria mit einem verschmitzten Lächeln, die mit Lucky zwar zweimal täglich spazieren geht, seinen Drang nach Auslauf damit aber nicht befriedigen kann. Lucky liebt die Herausforderung am Berg, allerdings werden sich die Sozial-kontakte zu anderen Hunden an diesem Freitag auf diese eine Begegnung beschränken.

Waldreicher Anstieg zum Hirschhörnlkopf

Dafür hat Lucky gleich sieben menschliche Begleiter an seiner Seite. Ähnlich einem Hütehund achtet er beim Anstieg über die Südflanke des Hirschhörnlkopfs behutsam darauf, die Gruppe nicht aus den Augen zu verlieren. Dem voranpreschenden „Bergjogger" etwa folgt er anfangs mit Begeisterung und Geschwindigkeit, um spätestens nach der ersten Wegbiegung mit treuherzigem Wo-bleibt-ihr-denn-Blick nach seinen Haltern Maria und Paul sowie den anderen Begleitern Ausschau zu halten.

Nach der zuletzt etwas steileren Waldpassage erreichen wir einen freien Höhenrücken, auf dem im Frühjahr Enziane um die Wette blühen, im Sommer Jungrinder an der Pfundalm grasen und im Spätherbst die weitläufigen Wiesen bereits braun sind. Ein letzter Gipfelaufschwung oberhalb der Alm, dann erreichen wir den 1514 Meter hohen Hirschhörnlkopf, der einen für die geringe Gipfelhöhe erstaunlichen Bergpanoramablick auf das Karwendel- und Wettersteingebirge zu bieten hat. Wir sind an diesem Tag schon dankbar, dass der zähe Wolkenvorhang exakt mit Ankunft am Gipfelkreuz aufreißt und wenigstens der Walchensee sowie die benachbarte Benediktenwand zum Vorschein kommen. Lucky, der zwischenzeitlich beharrlich an einem Holzstück geknabbert hat, muss vor seinem wohlverdienten Mittagsimbiss erst noch ein lästiges Fotoshooting – endlich Sonnenstrahlen! – über sich ergehen lassen.

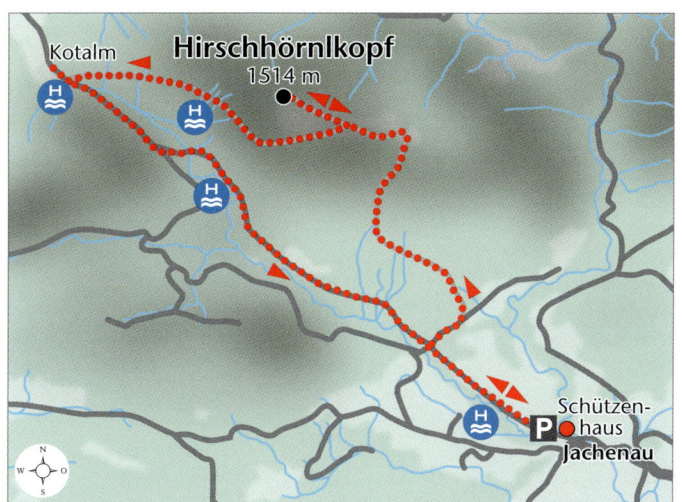

Route	Jachenau → Pfundalm → Hirschhörnlkopf → Kotalm → Jachenau
Anfahrt	Bayerische Oberlandbahn (BOB) nach Lenggries, RVO-Bus 9595 in den Ort Jachenau
Auto	A95/B11 oder A8/B13 nach Bad Tölz, B13 nach Lenggries, St 2072 in den Ort Jachenau
Start	Kostenpflichtiger Parkplatz (2 €) am Schützenhaus, N 47.606221°, E 11.432819°
Charakter	Einfache und meist schattige Rundtour an der bewaldeten Südflanke des Hirschhörnlkopfs. Im Talboden der Laine und unterhalb der Kotalm wandern wir auf Forstwegen, ansonsten verläuft die Route auf kurzweiligen Steigen.
	Bachlauf der Laine im Talboden, mehrere Quellbäche bei der Querung zur Kotalm, Kotbach unterhalb der Kotalm
	An der Pfund- und Kotalm weiden Kühe (ca. Juni bis September).
Wegweiser	Der Hirschhörnlkopf ist vom Parkplatz weg gut beschildert; im Abstieg wandern wir oberhalb der Pfundalm in Richtung Kotalm und Jachenau.
	Schützenhaus, Wanderparkplatz Jachenau, Tel. 08043-303, Mi./(Do.) Ruhetag, www.jachenau.de/schuetzenhaus-jachenau; unterwegs keine
Karte	AV-Wanderkarte BY11, Isarwinkel, 1:25.000

Perfekter Familienhund

Der Golden Retriever ist dank seines freundlichen, liebenswürdigen und zutraulichen Wesens der perfekte Familienhund. Er strotzt vor Energie, weshalb er gefordert sein will: Bloßes Gassigehen um den Häuserblock reicht somit nicht aus. Ursprünglich wurde er für die Vogeljagd gezüchtet, um geschossene Tiere häufig aus dem Wasser heraus zu apportieren, weshalb er sich zu einem guten Schwimmer entwickelt hat. Während er dank seines dicken Fells gegen nasskalte Witterung immun ist, leidet er im Sommer bei Hitze.

Den Zwischensprint des Vorauslaufenden begleitet Lucky voller Begeisterung.

Abstieg über die Kotalm

Nach der Gipfelstärkung wandern wir zunächst auf der Aufstiegsroute zurück, um in Sichtweite der Pfundalm rechts in den nur anfangs steilen Wiesenpfad (Ww. über Kotalm nach Jachenau) abzuzweigen. Der Umweg über die Kotalm bietet genussreiche Streckenabschnitte und landschaftliche Abwechslung. Im Bergwald durchwandern wir ein Bachquellgebiet mit mehreren Bachläufen; Lucky verspürt angesichts der kühlen Witterung jedoch wenig Durst. Dann erreichen wir die Kotalm (1134 m), an der zur Weidesaison abermals Kühe anzutreffen sind. Im Spätherbst ist die Alm verwaist, doch Lucky würde die Anwesenheit der Wiederkäuer ohnehin mit Ignoranz quittieren. Spontanes Bellverhalten ist dem hübschen Golden-Retriever ebenso fremd wie ein etwaiger Jagdtrieb – obwohl Letzteres für seine Rasse charakteristisch wäre; da fällt sein reduzierter Gehorsam am Berg weniger stark ins Gewicht. „Lucky ist ein schlechter Wachhund", kommentiert Maria das freundliche Wesen ihres geliebten Vierbeiners.

Das Almplateau wird vom Kotbach gespeist, ab Frühjahr sind die Bachufer mit Brunnenkresse übersät. Maria nutzt den Bachlauf, um Lucky mit gezielter Spritz- und Säuberungsaktion vom Dreck der vorangegangenen Wegstrecke zu befreien. Hunde mit dickem Fell sind bekanntermaßen nicht gerade pflegeleicht, und auch im feuchten Talgrund des Kotbachs unterhalb der Kotalm – ein besonders romantischer Wegabschnitt! – werden Schlammpassagen folgen. Im weiteren Verlauf verabschiedet sich das Wildwasser zwar in eine beeindruckende Felsschlucht, aber die Wegbeschaffenheit bleibt feucht und schmierig; einigermaßen trockene Pfoten bekommt Lucky erst wieder im Forststraßenbereich, wo wir auf unsere Aufstiegsroute treffen. In Parkplatznähe genießt er dann ein letztes Bad im Bach.

Gipfelblick auf Walchensee und Karwendelgebirge: Dieser uns unbekannte Vierbeiner hatte im Frühjahr zuvor mehr Glück mit dem Wetter.

Kühe am Gipfelkreuz

Rundtour auf den Rechelkopf

An Kühe auf der Almwiese hat sich Sheila ja gewöhnt, aber so direkt am Gipfelkreuz, wo man ihnen ja kaum ausweichen kann, flößen sie ihr dann doch Respekt ein. Da ihre menschlichen Begleiter nicht einschreiten, übernimmt sie die Beschützerrolle und fängt entgegen ihrer sonstigen Gepflogenheiten aufgeregt zu bellen an, woraufhin die Kühe wiederum leicht aufgeschreckt das Weite suchen.

Nachdem die Kühe vom Gipfel verschwunden sind, springt Sheila voller Begeisterung über den liegenden Fotografen hinweg.

Stephanie mit Sheila am Rechelkopf

Abgesehen von diesem kleinen Gipfel-Intermezzo verläuft der Ausflug am Rechelkopf, der mehrheitlich von Tölzern bestiegen wird, absolut ruhig. Sheila verhält sich – von Stephanie perfekt geschult – wie immer mustergültig. Sie folgt ihrem Frauchen bedingt durch ihren stark ausgeprägten Schutzinstinkt auf Schritt und Tritt. Etwa im Wald auf Rehjagd zu gehen wäre ihr

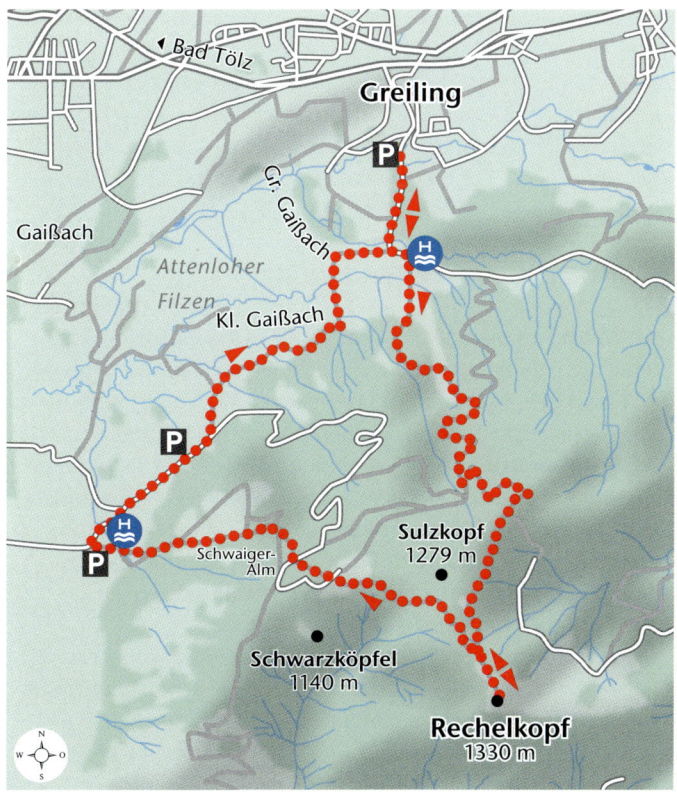

Route	Parkplatz bei Greiling → Rechelkopf → Schwaiger-Alm → Attenloher Filzen → Greiling
Anfahrt	
Auto	Von München wahlweise über Wolfratshausen (A 95, B 11) oder Holzkirchen (A 8, B 13) nach Bad Tölz und weiter 3 km nach Greiling. Im Ortskern erst der Straße Richtung Waakirchen folgen (die B 472 wird unterquert), dann geradeaus zu den Attenloher Filzen
Start	Wanderparkplatz an den Attenloher Filzen, N 47.7566°, E 11.6164°
Charakter	Bis auf den Gipfelaufbau ist der Rechelkopf überwiegend bewaldet und bietet somit viel Schatten. Wechsel zwischen einsamen Steigen und Forstwegen. Zuletzt quert man etwa 4 km weit durch die Attenloher Filzen.
	Bachläufe in den Attenloher Filzen, Quelle an Jagdhütte (Aufstieg) und Schwaiger-Alm (Abstieg), Bach und Wasserfall vor Erreichen des Talbodens
	In den Attenloher Filzen (Greilinger Etz); unmittelbar nach dem Abstieg können anfangs auch Autos unterwegs sein.
	Am Wanderparkplatz
Wegweiser	Der Rechelkopf ist nur im Schlussanstieg (Steig ab Forstweg) markiert und beschildert; im Abstieg bis Erreichen des Talbodens den Wegweisern nach Gaißach folgen; der Abschnitt durch die Attenloher Filzen ist zum Teil mit dem Bodensee-Königssee-Radweg identisch.
Karte	Kompass-WK 182 Isarwinkel, 1:50.000

Sheila in einer
Blumenwiese am Rand
der Attenloher Filzen

absolut fremd. Eine Maus würde sie allenfalls interessiert beobachten. Das einzige Tier, das sie aus der Reserve locken kann, ist die Katze; hat sie mal eine erspäht, sprintet sie wie auf Kommando los, ohne ihrem Jagdopfer jedoch etwas anzutun. Doch am Rechelkopf gibt es keine Katzen.

Anstieg auf entlegenem Pfad

Vom Parkplatz an den Attenloher Filzen führt ein Wirtschaftsweg direkt auf den Rechelkopf zu. Nach der Bachbrücke hält man sich links und biegt nach etwa 100 Metern rechts in einen Wiesenpfad, der den nahen Almhütten zustrebt. Der anfangs breitere Weg mutiert während des teils steilen Anstiegs zu einem idyllischen Pfad, der zwischen hohen Gräsern manchmal nicht auf Anhieb zu entdecken ist. Von einer Lichtung genießt man den schönen Blick auf Bad Tölz und Kloster Reutberg. Nach einer eminent steilen Waldwurzelpassage stößt man auf den Forstweg.

Dem Forstweg folgt man an einer Jagdhütte vorbei bis zur beschilderten Abzweigung zum Rechelkopf. Der Steig überwindet eine bewaldete Höhenstufe. Auf dem Höhenrücken hält man sich an der Weggabelung links und steigt die letzten Höhenmeter zum Gipfel empor. Da der Gipfelaufbau baumfrei ist, genießt man einen schönen Rundblick auf die Tölzer Berge. Die beiden Sitzbänke sind meistens schon belegt, und von Fall zu Fall teilt man sich den Gipfel eben mit den Kühen.

Abstieg auf der Westseite

Vom Gipfel geht es zunächst zur bekannten Abzweigung zurück. Von hier steigt man ohne großen Höhenverlust zur Schwaiger-Alm ab, die etwas versteckt hinter der großen Wiese liegt. Fortan wird das Gelände deutlich steiler. Im Talboden hält man sich an der ersten Gabelung nach dem kleinen Wanderparkplatz rechts und wandert meist eben durch die Attenloher Filzen zum Ausgangsort zurück. In dieser weiten Hochmoor-Landschaft wachsen neben rötlichen Gräsern und Heidekraut auch kleine Birken und Latschengruppen, die der Bergwanderer normalerweise nur aus höheren Gebirgsregionen kennt.

Anspruchsvoll und friedlich

Wer sich einen Australian Shepherd zulegt, sollte viel Zeit für seinen Vierbeiner einplanen. Denn allein mit körperlicher Betätigung wie Spazierengehen gibt sich das intelligente Tier nicht zufrieden. Der Australien Shepherd will vor allem geistig gefordert werden. Geschicklichkeits- oder Gehorsamkeitsübungen nimmt er voller Begeisterung an. Auch sein Hüteinstinkt ist stark ausgeprägt. Da er jedoch einen überaus freundlichen Charakter hat, taugt er nur sehr bedingt als Wachhund.

Die schönste Wegpassage beim Aufstieg zum Rechelkopf

Nala trotzt den Fluten

Durch das Johannestal zum Kleinen Ahornboden

Nala genießt den Ausflug in vollen Zügen, obwohl sie durch Schwielen am Körper, die vom vielen Herumliegen stammen, gezeichnet ist. Ohne die gelegentlichen Spaziergänge mit Anneliese würde sie in ihrer provisorischen Unterkunft, dem Deisenhofener Katzenhaus, nur noch vor sich hin vegetieren. Obwohl sie bei der für sie ungewohnten Bergtour im Karwendel fast an ihre Grenzen stößt, meistert sie selbst Bachhindernisse mit viel Umsicht und Geduld.

D as Schicksal hat es mit der achtjährigen Nala, eine Labrador-Boxer-Mischung, bisher nicht gut gemeint. Zunächst war sie als Familienhund wohl gut umsorgt, doch als sich das Ehepaar scheiden ließ, fühlte sich nur noch die junge Tochter für sie zuständig. Das Problem war, dass die Tochter arbeiten musste und Nala tagsüber somit allein in der Wohnung blieb. Aus purer Verzweiflung sprang sie eines Tages aus dem zweiten Stock ins

Katrin, Anneliese und Nala
am Kleinen Ahornboden

Freie, woraufhin sie die überforderte Tochter tränenreich im Katzenhaus ablieferte und nie mehr gesehen war. Hier wird Nala zwar gepflegt, aber außer Anneliese, die selbst schon drei Hunde und zwei Katzen hat, geht niemand mit ihr spazieren. Und als ob Nalas Leid nicht groß genug wäre, droht ihr nun, falls sie keinen privaten Pfleger findet, durch die Schließung des Katzenhauses die Verbannung in ein Tierheim.

Aufstieg am reißenden Johannesbach

Der rauschende Gebirgsbach und vor allem die Nähe von Anneliese ist Balsam für die geplagte Hundeseele. Nach Überqueren des Rißbachs führt der Wanderweg am oberen Rand einer Schlucht in das Johannestal. An der Bachbrücke öffnet sich das Tal mit Blick auf die felsige Karwendelkette. Der markierte Hauptweg verlässt den Johannesbach jenseits der Brücke und erreicht ihn erst drei Kilometer später wieder im Talschluss.

An dieser Schnittstelle werden wir später das strömende Bachwasser durchqueren. Denn wir entscheiden uns an der Bachbrücke für die Alternativroute direkt am Wasser. Noch

Route	Rißtal → Johannestal → Kleiner Ahornboden → (Ladizalm → Falkenhütte) → Johannestal → Rißtal
Anfahrt	
Auto	Von München über Wolfratshausen (A 95, B 11) oder Holzkirchen (A 8, B 13) nach Bad Tölz; von hier führt die B 13 über Lenggries und den Sylvenstein-Speichersee in das Rißtal (Eng)
Start	Parkplatz 1,5 km nach der Mautstelle, N 47.4630°, E 11.5022°
Charakter	Landschaftlich großartige Wanderung im Johannestal. Höhepunkte sind die Passagen am Wildbach, der Kleine Ahornboden mit uralten, knorrigen Bäumen und die imposanten Felswände über dem Tal. Der Weg am Johannesbach ist weder gepflegt noch immer leicht zu finden. Einzige Schwierigkeit ist aber die Überschreitung des Johannesbachs im Talschluss.
≈	Johannesbach (steter Begleiter im Aufstieg, im Abstieg nur phasenweise), Quelle im Kleinen Ahornboden, Bach an der Ladizalm
🐕	Evtl. bei der Bachquerung, auf dem Fahrweg sind auch Biker unterwegs
Wegweiser	Achtung: Der Weg am Johannesbach (siehe Aufstieg) ist unmarkiert und weicht von der beschilderten Strecke zur Falkenhütte ab.
Hinweis	Der Alpenpark Karwendel erfordert einen besonders sensiblen Umgang mit der Umwelt. Wanderung nur mit wohlerzogenen Hunden durchführen!
Karte	Kompass-WK 6, Alpenwelt Karwendel, 1:50.000

vor der Brücke steigen wir einige Meter an der Böschung empor und bleiben anschließend stets auf dem anfangs gut sichtbaren Steig. Später mündet der Weg in ein breites Kiesbett, in dem das Fortkommen problemlos möglich ist. Die Orientierung ist auch nach der Querung zweier Schuttfelder durch den Bach klar vorgegeben. Für die Bach-Überquerung gibt es letztlich zwei Möglichkeiten: Entweder man balanciert über den zweiten Baumstamm oder man kämpft sich an geeigneter Stelle barfuß durch die kniehohen Fluten; wir entscheiden uns dafür, um die tapfere Nala an der kurzen Leine sicher durch die Strömung zu führen.

Wer diesen Bach nicht zu überqueren vermag, folgt im Aufstieg besser dem offiziellen Wanderweg.

Anstieg zum Kleinen Ahornboden

Nach dem kleinen Bachabenteuer rückt man, nun wieder auf dem Normalweg, näher an die Karwendelkette heran. An der ersten Kehre ist die linke Wegvariante zu bevorzugen, dann folgt man der Route in Richtung Karwendelhaus. In der Hochebene erreichen wir den Kleinen Ahornboden (1399 m) mit

Aufstieg im Johannestal

seinen urwüchsigen Bäumen, die teilweise über 500 Jahre alt
sind und mittelfristig wohl absterben werden. Besonders reizvoll ist der Anblick im „goldenen Oktober", wenn sich die
bunten Ahornblätter fotogen von den schroffen Bergen und
vom Himmelblau abheben.

Am Hermann-von-Barth-Denkmal überqueren wir die
kleine Bachbrücke und folgen dem schönen Steig in Richtung
Falkenhütte. Nach Einmündung in den Fahrweg könnten wir
rechts über die Ladizalm zur Falkenhütte hochwandern (Gehzeit etwa 1 Std.), doch öffnet diese herrlich am Fuß imposanter
Steilwände gelegene Berghütte nach umfangreicher Renovie-
rung erst 2019 wieder. Ob der neue Hüttenwirt ebenso hundefreundlich ist wie sein Vorgänger, wird sich noch herausstellen.

Der Abstecher zur nahen Ladizalm (1573 m) hingegen
lohnt sich aus zwei Gründen: Zum einen zeigt sich hier außerhalb des Waldes eindrucksvoll der schroffe Karwendel-Haupt-
kamm, zum anderen können unsere Vierbeiner im Ladizbach
baden. Anschließend steigt man auf dem Fahrweg bequem in
den Talboden ab. Zurück am Johannesbach folgt man weiter-
hin der offiziellen Wanderroute Richtung Hinterriß. An unserer Bachüberquerungsstelle steigt der Weg etwas an, im weiteren Verlauf kann man zweimal alternativ zum Fahrweg auf den
parallel verlaufenden, idyllischen Waldpfad ausweichen.

Am Parkplatz drängt Nala als Erste in das Auto, aus Angst,
vergessen zu werden.

Blick vom Kleinen
Ahornboden Richtung
Laliderer-Wände

Laufsteg an Almwiese

Von Bad Wiessee zu Aueralm und Fockenstein

Claudia mit Hank und einem Begleiter auf dem Fockenstein

Clevere Kerlchen

Seit einer „Wetten, dass ..?"-Sendung im Jahr 1999 ist die Öffentlichkeit über die Intelligenz des Border-Collies im Bilde: Starhund Rico konnte 77 Begriffe diversen Spielzeugen zuordnen. Der Border-Collie ist für seine Ausdauer, Schnelligkeit und seinen Arbeitseifer bekannt. Kein Wunder also, dass er häufig als Hütehund im Einsatz ist. Wer sich einen Border-Collie anschafft, sollte diesen regelmäßig fordern. Andernfalls droht er seelisch zu verkümmern.

Obwohl an der Aueralm Kühe weiden und Biker ihr Unwesen treiben, treffen wir hier an einem sonnigen Oktobersonntag auf zahlreiche Hunde. Wie auf einem Laufsteg spazieren die Vierbeiner über den schönen Panoramaweg und nehmen schwanzwedelnd Kontakt auf. Border-Collie Hank, den wir auf dem Fockenstein treffen, ist mit der Fürtherin Claudia jedoch von der Lenggrieser Seite aufgestiegen. Später sollten sie sich im Abstieg verlaufen, weshalb der Ausflug vor allem für Hank zu einer konditionellen Herausforderung werden sollte.

H ank gehört mit seinen 13 Jahren schon zum „alten Eisen". Die Gipfelbesteigung ist somit eine respektable Leistung, zumal die Berge im heimischen Fränkischen Wald doch etwas niedriger sind. Am Gipfel wirkt er erschöpft und kontaktscheu, was jedoch auch an seinem Naturell liegt. Seine Freunde sucht er sich in aller Ruhe aus, dann ist er allerdings sehr anhänglich und treu. Claudia schätzt an Hank auch seinen mangelnden Jagdtrieb, selbst in jungen Jahren hat er sich von Reh oder Fuchs nie aus der Fassung bringen lassen.

Aufstieg durch das Zeiselbachtal

Die Besteigung des Fockensteins lohnt sich vor allem von der Tegernseer Seite. Am Sonnenbichl beginnen zwei Anstiege zum 1564 Meter hohen Gipfel: Der anfangs steile Maximiliansweg beginnt am Skilift und führt über den Zwergelberg; mit Hunden ist jedoch trotz einiger Radler der Weg durch das Zeiselbachtal wegen der steten Nähe zum Gebirgsbach vorzuziehen. Kurz vor der Aueralm treffen die beiden Routen aufeinander. Krass ist der Wechsel zwischen dem schattigen Bachtal und der weitläufigen Almlandschaft. Auf der Terrasse der Aueralm – die auch im Winter geöffnet hat – tummeln sich bei schönem Wetter neben den Sonnenanbetern, die größtenteils an dieser Stelle ihr Tagessoll als erfüllt betrachten, auch reichlich Hunde.

Ambitionierte Gipfelstürmer heben sich diesen schönen Ort eher für den Nachmittagskaffee auf und streben gleich dem Berg zu. Nach der genussvollen Querung zweigt vom breiten Weg rechts ein Steig ab, über den es durch Wald und über harmlose Felsstufen knapp unterhalb des Grates zum Gipfel geht. Alternativ kann man auch auf dem Almweg bleiben und über die Neuhüttenalm zum Aussichtspunkt Neuhütteneck queren; von hier führt ein Steig durch den Südhang zum Gipfel.

Route	Sonnenbichl → Aueralm → Fockenstein u. zurück
Anfahrt	
	Mit der Bayrischen Oberlandbahn (BOB) von München nach Gmund am Tegernsee, Anschluss RVO-Bus Bad Wiessee (Lindenplatz) und zu Fuß über Wanderwege W8 und W9
Auto	A 8 Ausfahrt Holzkirchen, B 318 nach Gmund am Tegernsee, an der 1. Ampel rechts nach Bad Wiessee, Abzweig rechts im Ortsteil Abwinkl zum Parkplatz am Sonnenbichl
Start	Parkplatz Sonnenbichl, N 47.704498°, E 11.713572°
Charakter	Schöne und aussichtsreiche Genusstour auf einen der beliebtesten Münchner Hausberge. Der Schlussanstieg zum Gipfel ist steil, hier ist ein wenig Trittsicherheit gefragt.
	Zeiselbach zwischen Sonnenbichl und Schlussanstieg zur Aueralm, Quelle an den Neuhüttenalmen
Wegweiser	E4-Weitwanderweg bzw. F1 (Zeiselbachtal), Aueralm und Fockenstein sind bestens beschildert.
	Aueralm, Tel. 0 80 22 - 8 36 00, Mo Ruhetag, www.aueralm.de; Am Sonnenbichl, Tel. 0 80 22 - 9 87 30, täglich ab 11 Uhr, www.amsonnenbichl.de
Karte	Kompass-WK 8 Tegernsee, 1:50.000

Der mit dem Schnee tanzt

Von der Winterstube auf die Hochplatte

Pieros Sprungkraft
vor Roß- und Buchstein

Mit gefühlten 100 km/h fliegt der Tannenzapfen durch die Luft, doch wieder verhindert Piero mit einem Weltklasse-Reflex das Tor! Wie ein verspieltes Kind legt er anschließend das Spielobjekt dem Schützen zu Füßen, und wenn es sich nach dem x-ten Schuss nicht in seine Bestandteile aufgelöst hätte, würde der muntere Kick wohl heute noch nicht beendet sein. Tatsächlich haben Isa und Elvira bei der Namensgebung ihres Bearded-Collie-Schnauzer-Mix-Mischlings an den berühmten Fußballspieler Del Piero gedacht, obwohl der Italiener eher Tore geschossen hat anstatt sie zu verhindern …

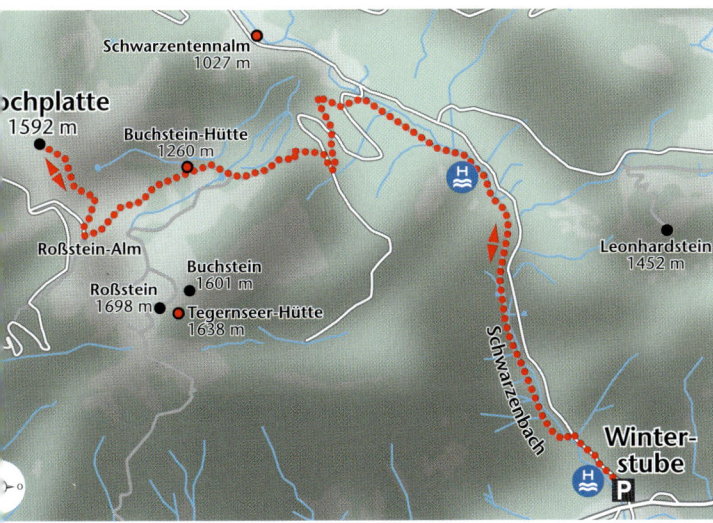

M indestens ebenso verrückt ist der junge Rüde nach Schnee. Gut, dass es auch in diesem warmen Frühjahr auf dem Weg zur Hochplatte noch ausreichend Schneefelder gibt! Sobald der Schnee von einem Fußtritt ausgelöst in die Höhe spritzt, springt Piero artistisch in die Höhe, um nach den einzelnen Kristallen zu schnappen. Auch in der Disziplin Schneefangen scheint Pieros Kondition unerschöpflich zu sein! Vor der markanten Roß- und Buchstein-Kulisse geben die tollkühnen Luftsprünge und –tänze jedenfalls ein wunderschönes Bild ab.

Buchsteinhütte wenig hundefreundlich

Unsere Wanderung beginnt am großen Winterstuben-Parkplatz im Tegernseer Tal. Wir folgen dem breiten Kiesweg gut 300 Meter talein, dann zweigt nach links unser Fußweg ab.

Route	Winterstube → Buchstein-hütte → Roßstein-Almen → Hochplatte und zurück
Anfahrt	BOB Tegernsee, RVO-Bus 9556 bis Parkplatz Winterstube
Auto	A 8 Ausfahrt Holzkirchen, B 307 über Tegernsee und Kreuth zur Winterstube (Parkplatz rechts der Straße 2,6 km nach dem großen Wildbad Kreuth Wander-parkplatz)
Start	N 47.6236°, E 11.7128°
Charakter	Anstieg durch das schöne Tal des Schwarzenbachs, über zuletzt steile Nordost-hänge zu den Roßstein-Almen – hier ist ein wenig Trittsicher-heit erforderlich! – und auf dem sonnenreichen Gras-rücken zur Hochplatte. Ideal außerhalb der Almsaison im Frühjahr oder Herbst
	Schwarzenbach bis zum Abzweig Schwarzentennalm, Quellbach zwischen Buchstein-hütte und Roßstein-Almen
	300 m vom Parkplatz Richtung Schwarzenbachtal und im oberen Anstieg zur Buchsteinhütte Biker, im Umkreis der Buchsteinhütte, Kühe an den Roßstein-Almen (ca. Juni bis September)
Wegweiser	Buchsteinhütte und Roßstein-Almen gut beschildert, Gipfelanstieg auf nicht markiertem Wiesenpfad
	Buchsteinhütte, Tel. 0 80 29 - 244, Mo. Ruhetag, ganzjährig bewirtschaftet www.buchsteinhuette-schwarz.de
Karte	Kompass-WK 8 Tegernsee – Schliersee – Wendelstein, 1:50.000

Auf diese Weise entkommen wir nicht nur den Mountainbikern, sondern wandern auch direkt am wilden Schwarzenbach entlang. Nach dieser schönen Wegpassage halten wir uns an der Kreuzung links (Ww. Buchsteinhütte). Anstatt dem Fahrweg mit seinen vier weit ausholenden Serpentinen zu folgen, kürzen wir auf dem direkteren Steig ab. An der T-Kreuzung halten wir uns rechts und bewältigen den sanften Schlussanstieg zur Buchsteinhütte. Vor Erreichen der Hüttenterrasse fordert uns ein Schild zum Anleinen auf. Und später wird uns der Wirt noch vor der Begrüßung abermals energisch darauf hinweisen. Obwohl der vom Berg zurückkehrende, noch freilaufende Piero nicht im Ansatz Unruhe stiftet. Mit angeleintem Hund sind wir dann als zahlende Gäste schon willkommen.

Je mehr Schnee spritzt, desto tollkühner fallen Pieros Sprünge aus.

Gipfelerlebnis Hochplatte

Von der Buchsteinhütte führt ein markierter Steig wechselweise durch Wald und über freie Wiesen zu den Roßstein-Almen. Beim Aufstieg durch den schönen Bergkessel erkennen wir die luftig zwischen Roß- und Buchstein gelegene Tegernseer Hütte, die jedoch erst ab Mai bewirtschaftet ist. Wir wandern nicht durch den im April noch tiefverschneiten Talgrund, sondern rechts haltend über die größtenteils ausgeaperten Hänge auf dem gut sichtbaren Pfad empor; Piero kann gut damit leben, dass er seine Schneefestspiele vorübergehend unter-

brechen muss! Außer dem noch reichlich vorhandenen Rest-
schnee hat es einen weiteren Vorteil, dass wir im April unterwegs sind: Die Kühe weiden noch nicht auf den Roßstein-
Almen! Auf diese Weise muss Piero nicht zum „Ich-bin-der-
Chef-Hüte-Bellen" ansetzen, um seine Gruppe zu beschützen
und sein Revier abzustecken. Im Gegensatz zu seinem ausgeprägten Spieltrieb ist die Jagdlust deutlich geringer. Allenfalls
ein Hase könnte Piero unter Umständen aus der Reserve locken.

An den Roßstein-Almen ist der Restanstieg zur Hochplatte
gut einsehbar: Der Pfad führt in Gratnähe zum kreuzlosen
Wiesengipfel empor. Ostseitig liegen noch Schneereste, was
Piero zu ausgiebigen Robb-und-Kühl-Einheiten nutzt. Wir
genießen derweil die großartige Aussicht in Richtung Wettersteingebirge, Karwendel, Rofan und Mangfallgebirge. Nach
der Gipfelrast kehren wir auf derselben Route zum Parkplatz
zurück, obwohl es mit mehr Zeitaufwand reizvolle Abstiegs-
varianten gäbe.

Von den Roßalmen geht es auf
dem breiten Wiesengrat zur
Hochplatte empor. Im Hintergrund
sind Roß- und Buchstein zu
erkennen.

Liebkosung am Berg

Vom Rottachtal zum Blankensteinsattel

Vom Blankensteinsattel führt
ein Pfad direkt an den Fuß
der kühnen Felswand.

Fiebi braucht keinen Gipfel, um ihrer Freude am Berg freien Lauf zu lassen. Während Martina bei der wohlverdienten Brotzeit sitzt, schleckt der junge Australian Shepherd sie ausgiebig ab; auch das Ohr ist vor seiner nach Salz lechzenden Zunge nicht sicher. Als neutraler Beobachter könnte man diese Begeisterung, ja innige Zuneigung auch so deuten: „Nimm mich öfters mit in die Berge, hier gefällt es mir so gut!"

M artina macht in ihrem Leben viele Dinge, nur Bergwandern gehörte bislang nicht zu ihren größten Leidenschaften. Sie hat viel Erfahrung mit Hunden und auch Gespür, weshalb sie mit Fiebi vor der Anschaffung beim Hundezüchter einen Welpen-Wesenstest durchführte. Hierbei wird der Hund beispielsweise auf den Rücken gelegt, um die Vertrauensbildung auf die Probe zu stellen. Nach zwei Stunden Beobachtung merkte Martina schnell, dass die seinerzeit erst wenige Wochen alte Fiebi eine neugierige, nicht zu dominante Hündin ist, die spielerisches Verhalten an den Tag legt. Was ein Wesenstest nicht erkennen lässt: die Begeisterung für Berge.

Viel Wasser in den Bachgräben

Auslauf liebt fast jeder Hund, aber so viel Leidenschaft für die Berge habe ich bei einem Vierbeiner selten erlebt. Fiebi durchkämmt die Bergwelt leichtfüßig stets mit einem Lächeln im Gesicht, und ist zudem, welch angenehme Begleiterscheinung für jede Hundehalterin, sehr folgsam. Ein Jagdtrieb ist

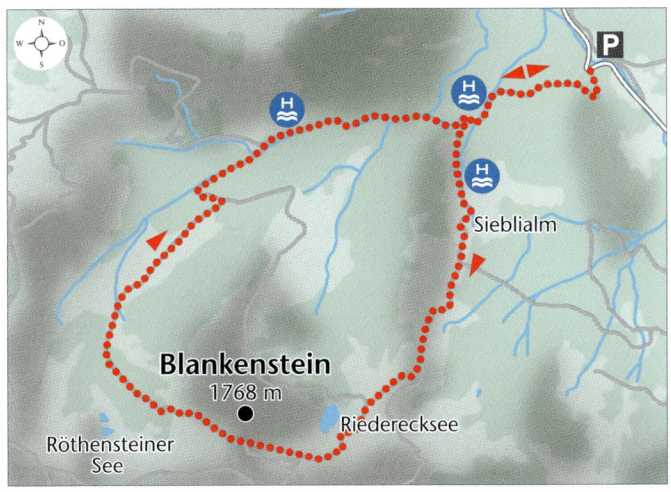

Route	Route Parkplatz Hufnagelstube → Sieblialm → Riedereckalm → Blankensteinsattel → Röthensteinalm → Parkplatz Hufnagelstube
Anfahrt	
	Mit der Bayrischen Oberlandbahn (BOB) von München nach Tegernsee, RVO-Bus 9560 bis zur Station Kistenwinterstube
Auto	A 8 Ausfahrt Holzkirchen, B 307 über Tegernsee nach Rottach-Egern, im Ort beschilderter Abzweig links in die Valepp, Mautstraße in Richtung Suttenbahn
Start	Parkplatz Hufnagelstube (959 m), N 47.658298°, E 11.828448
Charakter	Unterhalb der Siebli- und Röthensteinalm meist asphaltierte Wege mit moderater Steigung, der Zu- und Abstieg zum/vom Blankensteinsattel verläuft hingegen auf zuweilen steinigen Steigen. Bei Nässe und in den Zwischenjahreszeiten erfordert der dann teils schmierig-glitschige Untergrund etwas Trittsicherheit.
	Bachläufe unterhalb der Riedereckalm (Anstieg) und Röthensteinalm (Tränke); der Riedereckalm und Röthensteiner See liegen etwas abseits der Route und sind ab Spätsommer nicht immer mit Wasser gefüllt.
	Im Bereich der Almen entlang der Strecke weiden Kühe (ca. Juni bis September).
Wegweiser	Risserkogel und Blankstein sind bestens beschildert, einfache Orientierung durch klare Geländegliederung
	Getränke an der Sieblialm
Karte	Kompass-WK 8 Tegernsee – Schliersee – Wendelstein, 1:50.000

ihr fremd, und auch für Wasser hat sie nicht allzu viel übrig. Statt die Böschung zum sprudelnden Bach hinabzulaufen, organisiert sie sich, begleitet von einem leisen Wohlfühl-und-Aufmerksamkeit-erregen-wollen-Winseln, lieber ein Stöckchen und würde im Verbund mit ihren menschlichen Begleitern am liebsten damit spielen.

Der Auftakt auf dem moderat ansteigenden Asphaltsträßchen (Ww. Risserkogel/Wallberghaus) bietet das ideale Warmup für die bevorstehende Rundtour. Nach rund einem Kilometer Wegstrecke erreichen wir in Sichtweite der Holzhütte eine Weggabelung, an der wir links in den Siebligraben hineinwandern (Ww. Risserkogel über Sieblialm und Riedereck). An der Sieblialm, die Getränke offeriert, mündet der Fahrweg in einen Steig, der sich im weiteren Verlauf bei Nässe dank grober Steine als glitschig erweist. Oberhalb der Riedereckalm öffnet sich das Gelände, von der Einsattelung genießen wir erstmals einen Blick auf das famose Felsmassiv des Blankensteins. Der Schlussanstieg zum Blankensteinsattel (1692 m) durch das weitläufige Kar ist bereits bestens einsehbar; die Zugabe Risserkogel-Überschreitung (+ 1 Std.) hingegen bleibt ambitionierten Wanderern vorbehalten.

Brotzeit unter der imposanten Felswand

Nach der schattigen Passage im Nordschatten des Risserkogels freuen wir uns auf die sonnenbeschienene Aussichts- und Brotzeitloge am Blankensteinsattel. Um das Maximum an Licht und Wärme zu genießen, folgen wir dem Stichpfad bis zu den Grasbändern am Ansatz der Blankenstein-Südwand. Die einzigen Kletterer des Tages entscheiden sich nicht für die Direttissima durch die Wand, sondern für den weniger steilen Ostgrat. Fiebi nimmt neben uns Platz und blickt sehnsüchtig in Richtung Kaisergebirge und Hohe Tauern, die im Südosten hinter dem Mangfallgebirge auftauchen. Sie wird doch nicht von einer Gletschertour träumen? Richtig Lust auf Schnee hat sie immer, wie die ersten Schneefelder des Spätherbstes im Anstieg gezeigt haben.

Der Abstieg ist streckenmäßig zwar länger als der Anstieg, dafür im Schnitt flacher und angenehmer zu gehen. In der Geländemulde unterhalb des Weges erkennen wir den Röthensteiner See, der zu dieser Jahreszeit jedoch nur mit wenig Wasser gefüllt ist; der Riederecksee, den wir im Aufstieg passiert hatten, trocknet meist gar vollkommen aus. Fiebi nimmt die Witterung von Gämsen auf, bleibt aber dennoch ruhig und stets in Sichtweite. Kühe, die bei der Vorzeige-Hündin ein respektvolles Bellen auslösen könnten, weiden zu dieser Jahreszeit allenfalls noch sporadisch an der Rottachalm, die ohnehin nicht auf

unserer Route liegt; der Almbetrieb an der schönen Röthensteinalm endet im September.

Unterhalb der Röthensteinalm verläuft die Wanderung
auf bequemen Fahrwegen, im Talboden begleitet von einem
romantischen Wildbach. Kurz vor Einmündung in die Anstiegs-
route lohnt der kurze Abstecher zum romantischen Siebli-
Wasserfall. Martina, die sich trotz mangelnden Trainings sehr
tapfer geschlagen hat, spürt langsam ihre Knochen; stolz ist
sie nicht nur auf ihre Leistung am Berg, sondern auch auf das
nimmermüde „Schnackerl", wie sie ihren Vierbeiner liebevoll
nennt.

Stolz und zufrieden:
Fiebi genießt jede
Minute am Berg.

Sturm-und-Drang-Phase im Schnee

Rundweg zwischen Hennererhof zur Gindelalmschneid

Sammy im vorweihnacht-
lichen Gindelalmschnee
vor der Kulisse des
Wendelsteins

Das Ziel unserer Wanderung, die Gindelalm, ist bereits bei der Anfahrt nach Miesbach anhand der verschneiten freien Fläche zwischen dem Wald zu erkennen. Hier liegt an diesem Dezembertag der Schnee am dicksten, was Tiger später mit Gleichmut und Sammy mit Begeisterung zur Kenntnis nehmen wird. Die unterschiedlichen Temperamente beider Mischlingshunde sind offenkundig: Sammys jugendliche Sturm-und-Drang-Power kommt dem Ruhe suchenden Tiger spanisch – oder sagen wir aufgrund von Sammys Geburtsort Mykonos besser griechisch – vor. Anfangs ist Tiger durch Sammys gelegentliche Geländeausritte zwar leicht irritiert, weil er die alleinige Führungsposition beansprucht; nach Klärung der Rangordnung kommen aber beide Rüden gut miteinander aus.

Unterwegs auf dem Prälatenweg

Abstieg von der Gindelalmschneid zur Gindelalm

Vom Wanderparkplatz Hennerer bis zum Hennererhof sind es nur rund 100 Meter. Vor dem Bauernhofcafé zweigt der Wanderweg W 9 durch das Schilchental direkt zur Gindelalm ab. Wir bleiben aber auf dem Forstweg, der am Breitenbach

Route	Hennererhof → Kreuzberg-Alm → Gindelalmschneid → Gindelalm → Hennererhof
Anfahrt	
ÖVM	Bayerische Oberlandbahn (BOB) nach Schliersee und zu Fuß zur Seepromenade (Ww. monte mare), dort rechts halten und den Wanderschildern Richtung „Prinzenweg nach Tegernsee" folgen (ca. 3 km)
Auto	A 8 Ausfahrt Weyarn, B 307 nach Schliersee, im Ort links dem beschilderten Abzweig zum Hennererhof folgen
Start	Parkplatz 100 m unterhalb der Einkehr Hennererhof N 47.722163°, E 11.830044°
Charakter	Leichte Rundwanderung mit nur wenig steileren Wegpassagen. Zwischen Kreuzberg und Gindelalmschneid aussichtsreiche Almlandschaft, ansonsten überwiegt der Wald.
	Breitenbach im Breitenbachtal, Brunnen an der Kreuzbergalm, Quellen im Schilchental (Abstieg)
	In Parkplatznähe und auf den Almweiden
Wegweiser	Im Aufstieg folgt man den Wegweisern „Prinzenweg nach Tegernsee", zwischen Kreuzberg und Gindelalmschneid herrscht freie Sicht mit gutem Geländeüberblick. Abstieg von der Gindelalm wieder gut beschildert
	Hennererhof, Tel. 0 80 26 - 9 22 99 64, Fr–So geöffnet, www.hennerer.de; Kreuzberg-Alm (Mitte Mai – Ende der Almsaison); Gindelalm (vor allem am Wochenende geöffnet)
Karte	Kompass-WK 8 Tegernsee – Schliersee – Wendelstein, 1:50.000

entlang in das Stadeltal führt (Ww. Prinzenweg nach Tegernsee). In der Folge ignorieren wir zwei Wegabzweigungen nach links Richtung Krainsberger Alm (Wanderweg W 17). Nach einem kurzen Steilstück verlassen wir das Bachtal nach rechts und erreichen auf schönem Waldsteig eine freie, sumpfige Hochebene. In einer weiten Kehre geht es von hier mäßig steil zur im Winter geschlossenen Kreuzberg-Alm empor; vom Almkreuz reicht der Blick nach Süden bis in das Karwendelgebirge. Auch Schliersee und Schliersberg stehen im Mittelpunkt des winterlichen Panoramas.

Abstieg über die Gindelalm

Beim Blick nach Norden zeichnet sich unsere Route klar ab: Wir steigen über den schattigen Hang in eine Geländemulde hinab und am gegenüberliegenden Hang wieder empor. Nach der kurzen Steilstufe flacht das Gelände ab; der Weg führt direkt am Waldrand entlang zum markanten Gipfelkreuz der Gindelalmschneid. Auf den freien Wiesen tollt der schneebegeisterte Sammy ausgiebig umher. Im Gegensatz zum Allgäu, wo er mal auf einer Piste Reißaus nahm, an einen Fahnenmast gebunden und per Lautsprecher ausgerufen wurde, hat er hier keine Bewegungseinschränkungen zu befürchten.

Geradeaus würde es zur Neureut weitergehen, wir aber machen kehrt und steigen links über freie Wiesen zur Gindelalm ab, von der der beschilderte Abstieg Richtung Schliersee zum Hennererhof erfolgt.

Winnies Winterfreuden

Von Bayrischzell auf den Seeberg

Winnie auf Schnee
an der Seeberg-Alm

Andi kennt als gebürtiger Bayrischzeller und Bergwachtler die umliegenden Berge wie seine Westentasche. Einer seiner Lieblingsberge ist der Seeberg, der quasi vor der Haustür liegt. Bei Wanderungen ist seine Hündin Winnie neuerdings stets mit von der Partie. Im Gegensatz zu den nach Frühling lechzenden Menschen freut sie sich über den frisch gefallenen Märzschnee ganz besonders. Denn einem sibirischen Mischhusky, wenngleich in Kalabrien geboren, kann es in unseren Breitengraden gar nicht kalt genug sein.

Zum Zeitpunkt der Wanderung ist Winnie keine zwei Jahre alt, was ihren Tatendrang nicht gerade mindert. Auch ohne den Kontakt mit Schnee wäre sie vor Begeisterung außer sich, zumal sie auf dem Seeberg noch nie war. Beim Einstieg an der Alpenstraße sind die Wiesen noch aper, doch nach der ersten Steilstufe tauchen die ersten Schneefelder auf.

Route	Bayrischzell → Seeberg-Alm → Seeberg → Klarer-Alm → Osterhofen → Bayrischzell
Anfahrt	
	Stündliche Verbindung mit der Bayerischen Oberlandbahn (BOB) von München nach Bayrischzell
Auto	A 8 Ausfahrt Weyarn, B 307 über Schliersee nach Bayrischzell, vor der Sportalm rechts Abzweig zum Wanderparkplatz
Start	Wanderparkplatz an der Seebergstraße N 47.6714°, E 12.0101°
Charakter	Der Aufstieg führt überwiegend durch Wald von der schattigen Nordflanke zur Südseite des Berges. Der Abstieg ist streckenmäßig deutlich weiter, dafür geht es im unteren Abschnitt an zwei Bächen entlang. Schöne Wandersteige, ab der Klarer-Alm werden die Wege breiter.
	Aubach am Einstieg; Quelle an der Klarer-Alm; Steilenbach und Alpbach im Abstieg; Leitzach beim Rückweg nach Bayrischzell
	Im Weidegebiet der Klarer-Alm
Wegweiser	Auf- und Abstieg sind rot markiert (B2 bzw. W6). Im Talboden Wanderroute K2 nach Bayrischzell
	Klarer-Alm (Brotzeiten während der Almsaison); Sportalm, Tel. 0 80 23 - 81 91 29, www.sportalm-bayrischzell.de
Karte	Kompass-WK 8 Tegernsee Schliersee Wendelstein, 1:50.000

Andi mit Winnie
am Gipfelgrat

Windbruch im Wald

Der bequeme Weg führt aus dem Nordschatten in jenen Osthang, der durch massiven Windbruch arg gelitten hat. Wie stumme Zeitzeugen stehen viele bis auf gut einen Meter Höhe abgesägte Baumstümpfe im Gelände, eine Maßnahme gegen die Lawinengefahr. Die Baumrinden werden eingeritzt, damit sie sich von selbst lösen und dem Borkenkäfer keine Nischen für die Fortpflanzung bieten. Um die Stämme herum wächst im Frühjahr durch die größere Lichteinwirkung neben bunten Blumen eine üppige Strauchvegetation heran.

Anstieg auf der Südseite

Vor der Besteigung wird der Seeberg bis zur Seeberg-Alm etwa zur Hälfte umrundet, der Schlussanstieg erfolgt durch lichten Wald auf der Sonnenseite des Berges. Vom Gipfelgrat blicken wir an den verschneiten Fichten vorbei steil auf das bereits grüne Leitzachtal und die Häuser von Bayrischzell hinab. Winnie erreicht den Gipfel als Erster, wohl in der Hoffnung, dem einen oder anderen Wanderer eine Kostprobe seiner Brotzeit abzutrotzen. Dies zelebriert sie mit so gekonnt treuem Hundeblick, dass wir von den anderen Gipfelstürmern bei unserer Ankunft mit einem wohlwollenden Lächeln empfangen werden.

Abstieg über das Alpbachtal

Nach der lohnenden Gipfelschau – vor allem das Mangfall-gebirge liegt direkt vor uns – wandert man erst zur Seeberg-Alm zurück, steigt dann aber auf dem schönen Wiesen- und Wald-pfad – bei der Einmündung in den Forstweg rechts halten – zur Klarer-Alm ab. Am Rand des Hochplateaus folgt man rechts dem Weg durch das Bachtal in den weiten Talboden. Dort angekommen ist der direkt am sprudelnden Alpbach entlang-führende Steig viel schöner als der parallel verlaufende Fahrweg. Beide Wege treffen sich an einer Bachbrücke, von welcher der beschilderte Rückweg stets am Ufer der Leitzach nach Bayrischzell führt. In Nähe der Sportalm stößt man an der Seebergstraße wieder auf den Ausgangspunkt.

Sibirische Ader

Während man über die Herkunft von Winnies Vater nichts weiß, ist bekannt, dass ihre Mutter ein Siberian Husky war. Als Schlittenhund und Begleiter von Nomadenvölkern joggen die Huskies naturgemäß gerne im Schnee – kein Wunder also, dass sich Winnie am verschneiten Seeberg so wohl fühlt. Besonders gut ausge-prägt ist ihr Orientierungssinn, der auch bei einer dicken Schneedecke nicht leidet. Übrigens sind ihre Pfoten kleiner als bei ähnlich großen Hunden, um besser gegen etwaige Kälte und Verletzungen gefeit zu sein.

Tiefblick auf das bereits grüne Bayrischzell vom winterlichen Seeberg

Karotte gegen Müdigkeit

Vom Bichlersee auf den Wildbarren

Der steile Schlussanstieg zum Wildbarren hat Mara dann doch etwas
zu schaffen gemacht. Das lange und
dichte Fell heizt ihren Körper an
diesem warmen Septembertag ganz
schön auf. Während wir unsere Brotzeit auspacken, lümmelt sie müde am
Gipfelkreuz und träumt vielleicht vom
kühlen Bichlersee, in den sie zwei
Stunden zuvor gesprungen war. Als
Belohnung für den tapferen Berg-
marsch spendiert die elfjährige Alina
ihr wie gewohnt eine Karotte und bietet ihr etwas zu trinken an. Nach dem
Verzehr ihrer Lieblingsspeise ist Mara
dann voll für den Abstieg motiviert.

Da Mara gerne unter Menschen ist, freut sie sich über unsere Gruppenstärke an diesem Tag: Vier Erwachsene und
drei Kinder begleiten sie auf den Berg. Unterwegs bleibt
sie immer wieder stehen, um zu schauen, ob die Gruppe noch
zusammen ist.

Erfrischung im Bichlersee

Zur Einstimmung wandern wir vom Parkplatz in etwa
15 Minuten zum Bichlersee (Abzweig nach links beachten!),

Route	Bichlersee → Wildbarren → Dreifaltigkeitskapelle → Bichlersee
Anfahrt	
Auto	A8 Inntal-Dreieck, A93 Ausfahrt Oberaudorf, über Oberaudorf nach Niederaudorf, dort Richtung Tatzelwurm abzweigen und rechts die beschilderte Straße zum Berggasthof Bichlersee hochfahren. Parkplatz nach 300 Metern (Kiesweg)
Start	Parkplatz 300 m oberhalb des Berggasthofs Bichlersee N 47.6732°, E 12.1260°
Charakter	Der letzte Gipfelanstieg und auch Teile des Abstiegs sind recht steil, ansonsten ist die meist bewaldete Wanderung auf den Wildbarren sehr genussreich. Der Bichlersee liegt versteckt in einer Waldsenke und lädt zum Verweilen ein.
≈	Bichlersee, kleiner Bachlauf und Quelle bei der Querung am Südhang
Wegweiser	Wanderwege 5b (Aufstieg) und 5c (Abstieg)
Hinweis	Während der Wildfütterung von November bis Mitte April besteht für die Wälder oberhalb des Bichlersees Betretungsverbot.
🍴	Berggasthof Bichlersee, Regau 2, Tel. 08033-1597, www.bichlersee.de
Karte	Kompass-WK 9 Kaisergebirge, 1:50.000

der malerisch in einer Waldsenke liegt. Ein Steg führt in das saubere Wasser, aber wir verzichten heute auf ein Bad. Auch Mara scheint der See irgendwie unheimlich zu sein, jedenfalls zögert sie etwas mit dem Sprung in das kühle Nass. Vielleicht ist sie an diesem Tag auch nur ein wenig kamerascheu. Nach einigen Minuten badet sie dann doch und schüttelt sich anschließend voller Vergnügen vor uns aus, sodass wir rasch das Weite suchen.

Aufstieg zum Wildbarren

Wir umrunden den Bichlersee im Uhrzeigersinn und kehren zum Steg zurück. Hier geht es links (Ww. Bikeroute) zum Fahrweg empor, dort abermals links bis zur Abzweigung zum Wildbarren:

Mara am Bichlersee und als „Follow-Me" für Alina und Andreas

Herrlicher Tiefblick
vom Wildbarren in das
Inntal mit Kaisergebirge

Der Steig führt steil durch den Wald empor zu einem Forstweg. Hier hält man sich rechts und zweigt an der Weggabelung („Sattel Bichlersee, 1051 m") links ab. In der Folge quert der Weg nach zwei weit ausholenden Serpentinen den Südhang – einmal leicht absteigend – in östliche Richtung. Am Oberen Holzplatz (1229 m) genießen wir den Blick auf das Kaisergebirge. An der Ostseite des Berges beginnt der steile Schlussanstieg zum Wildbarren, der zuletzt auf dem breiten Südgrat angesteuert wird. Das 1000 Meter tiefer gelegene Inntal liegt einem direkt zu Füßen, je nach Wind ist das ferne Rauschen der Autobahn zu vernehmen.

Rückweg über die Dreifaltigkeitskapelle

Bevor der Abstieg (Ww. 5c) beginnt, quert man fast auf gleicher Höhe zum benachbarten Jochstein hinüber. Nach Passieren der kleinen Dreifaltigkeitskapelle führt der Steig sehr steil durch einen abschüssigen Wiesenhang. Alina sorgt sich um Mara und ruft sie, aus Angst, dass diese die Wegkontrolle

Viel Masse und Klasse
Da der Berner Sennenhund über einen kräftigen Knochenbau verfügt und zudem recht groß ist, bringt er relativ viel Gewicht auf die Waage. Eine längere Bergwanderung strengt ihn somit vor allem bei sommerlichen Temperaturen mehr an als einen Hund vergleichbarer Größe. Andererseits tut ihm das Steigen gut, damit seine Hüftgelenke nicht einrosten. Durch seine Schwerfälligkeit sollte das Gelände aber nicht zu abschüssig sein.

verliert, immer wieder zu sich. Letztlich meistert Mara den Steilhang ebenso wie die Kinder problemlos.

Im Wald wird der Steig deutlich flacher. Am Fuß des Berges erreicht man den Forstweg, der später auf den Fahrweg unserer Aufstiegsroute stößt. Hält man sich an der Weggabelung links, kehrt man direkt zum Parkplatz zurück. Man kann aber auch ein Stück weit rechts wandern und bei nächster Gelegenheit zum Bichlersee absteigen. Dies nur als kleiner Hinweis, falls sich der begleitende Hund oder man selbst nach einer erfrischenden Badeeinheit sehnt.

Mara beim Aufstieg
zum Wildbarren

Sternchen über alles

Von Bad Feilnbach auf den Farrenpoint

Die Flegeljahre der vierjährigen Pauline haben Petra und ihren Lebensgefährten Hans ganz schön auf Trab gehalten. Unglaublich, was ein junger Parson-Russell-Terrier so alles anstellen kann. Dank ihres Tatendrangs avanciert Pauline alias Sternchen zur Titelheldin eines Buches, in dem Petra all die kleinen Abenteuer episodenartig nacherzählt. Dabei wächst die Liebe der Autorin zu Sternchen am Ende so weit, dass sie hofft, eines fernen Tages gemeinsam mit ihr zu sterben.

Im Jenbachtal erlebt Pauline kein weiteres Abenteuer. Natürlich genießt sie die Wanderung durch die reizvolle Schlucht, aber sie ist wasserscheu und hält sich deshalb vom sprudelnden Bach fern. Auch ihr Jagdtrieb hält sich im Zaum, kein Fuchs und keine Maus weit und breit. Die Begegnung mit einer Kreuzotter wie einst im Garten bleibt ihr gleichfalls erspart. Keine Fluchtgedanken. Auch die anderen Hunde verhalten sich friedlich, keine besonderen Vorkommnisse. Neue Freundschaften zu Mensch oder Tier tun sich gleichfalls nicht auf. Dabei mag sie doch vor allem Kinder so gerne. Trotz ihrer Vorliebe zu Kuscheleinheiten sieht man ihr auf Schritt und Tritt an: „Ich möchte kein Schoßhund sein!"

Genusswandern pur im Jenbachtal

Schöne Wege an Jenbach und Farrenpoint

Wenn sich das Laub der Bäume im Herbst bunt verfärbt, ist die Wanderung durch das Jenbachtal (Beginn an der Bachbrücke, Ww. Jenbachsteig und Wasserfälle) besonders schön.

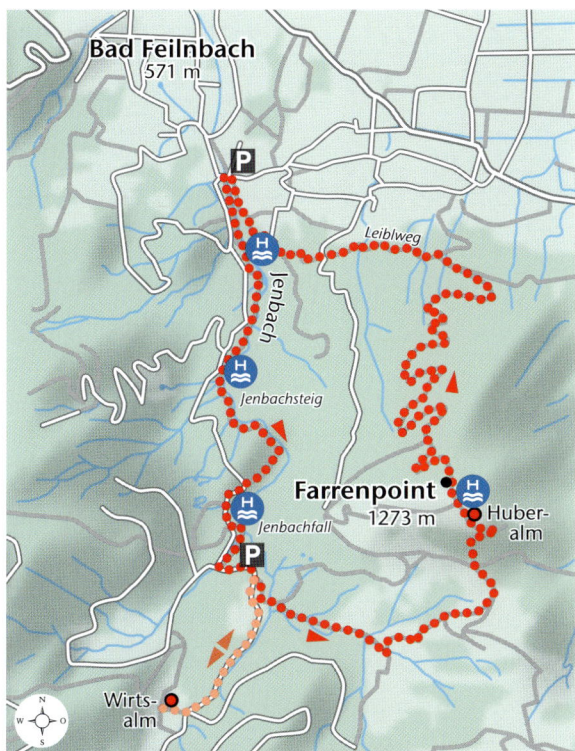

Route	Bad Feilnbach → Jenbach-steig → (Wirtsalm) → Farrenpoint → Bad Feilnbach
Anfahrt	
Auto	A 8 Ausfahrt Bad Aibling / Bad Feilnbach, St 2089 nach Bad Feilnbach, im Ort rechts Richtung Zentrum und nach 100 m an der Bachbrücke links in die Wendelsteinstraße
Start	Wanderparkplatz gegenüber des Gasthauses Millau, N 47.7632°, E 12.01517°
Charakter	Der Jenbachsteig führt wunderschön am Bach entlang zuletzt durch eine enge Klamm zu einem weiteren Parkplatz empor. Die Überschreitung des Farrenpoints verläuft im Anstieg über die sonnige Südwestflanke des Berges und im Abstieg auf einsamen Wegen durch schattigen Wald.
	Jenbach, Tümpel an der Huber-Alm, Brunnen an der unteren Jagdhütte, Bachläufe am Leiblweg
	Der Jenbachsteig mündet kurze Zeit in die Mautstraße.
	Wanderparkplatz
Wegweiser	Wege im Jenbachtal und Aufstieg zum Farrenpoint sind gut beschildert, der Abstieg erfordert hingegen erhöhte Aufmerksamkeit.
	Wirtsalm (Jenbachtal), Tel. 0 80 66 - 4 31, Mitte Mai – Mitte Oktober, Di Ruhetag; Huberalm (am Farrenpoint), Tel. 0 80 66 - 4 86, Juni – September; Gasthaus Millau, Tel. 0 80 66 - 88 53 31,
Hinweis	Abstecher Wirtsalm ca. ½ Std. länger; Klammweg über Wasserfall mit Gittertreppe (siehe Text)!
Karte	Kompass-WK 8 Tegernsee – Schliersee – Wendelstein, 1:50.000

Nach einer erholsamen Wegpassage unmittelbar am Bachufer folgt eine kurze Steilstufe, die etwas Trittsicherheit erfordert. Dann erreicht man den Fahrweg, dem man gut 300 Meter bis zur Abzweigung „Wasserfall" folgt. Der Steig führt wieder in die Bachschlucht zurück und passiert die enge Klamm mit dem sehenswerten Wasserfall. Achtung: Eine kurze Passage des Anstiegs zum oberen Wanderparkplatz verläuft auf einer Gittertreppe; das Gelände herum ist abschüssig. Kleinere Hunde können hier problemlos getragen werden, größere empfindliche

Vierbeiner müssen den Umweg auf der Mautstraße in Kauf nehmen.

Am oberen Wanderparkplatz teilen sich die Wanderwege: Talein geht es allerdings in Begleitung einiger Radfahrer in etwa 20 Minuten zur Wirtsalm, wo man unter Ahornbäumen entspannen kann. Ohne den Abstecher überqueren wir links die Bachbrücke (Ww. Hochsalwand, Rampoldplatte) und

Parson-Russell-Terrier

Der Parson-Russell-Terrier wurde erst
vor sechs Jahren vom FCI als eigen-
ständige Rasse anerkannt, weil der
Urheber der Zucht, Pfarrer (englisch:
Parson) Russell, sich nie darum bemüht
hatte. Zuvor war der Hund aufgrund
seiner Fähigkeiten, Füchse zu jagen,
als Foxterrier bekannt. Der Terrier gilt
gleichermaßen als intelligent, geschickt
und furchtlos, beste Voraussetzungen
also, um den Fuchs in dessen Bau auf-
zustöbern und zu stellen. Seine aus-
geprägte Neugierde lässt ihn immer
wieder auf dumme Gedanken kommen,
weshalb er in unbeobachteten Momen-
ten gerne Unsinn anstellt.

wandern entlang des Oberen Jenbachs talein.
Dann folgen wir dem links abzweigenden Niggl-
steig über schöne Blumenwiesen in Richtung der
Gipfel und Antretter-Alm. Der Steig wendet sich
peu à peu in nördliche Richtung und nähert sich
durch lichten Wald dem Gipfelaufschwung.
Ein kurzer Steilhang noch und wir erreichen die
Huberalm mit Blick auf das nahe Gipfelkreuz.

Vom malerischen Weiher
an der Huberalm sind es
nur wenige Meter bis zum
Gipfel des Farrenpoint

Abstieg auf abgelegenem Waldweg

Der Abstieg beginnt in der kleinen Einsattelung zwischen Gipfel und Alm nördlich des kleinen Sees (Ww. Derndorf). Der Waldpfad mündet
in einen breiteren Weg, dort quert man nach
links in den Hang. In der Folge windet sich der
Weg in weit ausholenden Serpentinen wenig
steil hinab; im Zweifelsfall bleibt man immer auf
dem abwärts führenden Hauptweg. Man passiert
zwei Jagdhütten, dann stößt man zuletzt steil
absteigend auf den idyllischen Leiblweg, der uns
Richtung Westen mit einigen Gegenanstiegen –
abzweigende Fahrwege ignorierend – in das
Jenbachtal zurückführt.

„Honolulu" heißt das Zauberwort

Von Samerberg zu Daffnerwald-Almen und Heuberg

Joe ruft „Honolulu", und Rocky stürmt freudig und schwanzwedelnd heran. Er könnte seinen Zwergpudel auch mit Namen oder einem „Komm her!" rufen, doch das würde der Fichtlmeierschen Erziehungspraxis widersprechen. Demnach nimmt der Hund nur die weiche Tonlage des „Ho-no-lu-lu-lu-lu-lu-lu" positiv wahr, ein mehrsilbiges Wort, das naturgemäß freundlicher klingt als ein strenges Rufkommando. Die freudvolle Annäherung seines Zwergpudels belohnt Joe sogleich mit einem Leckerli.

Der Fluderbach

Rocky ist erst eineinhalb Jahre alt, und die Wanderung auf den Heuberg ist seine erste Bergtour. Welch Freude für den schwarzen Vorzeige-Pudel, zumal die ganze Familie inklusive der beiden Töchter Raphaela und Helena mit von der Partie ist. Für Joe, der die Hundeausbildung im Sinne von Anton Fichtlmeier am konsequentesten durchzieht, bedeutet das natürlich eine gewisse Herausforderung, zumal an diesem Sonntag bedingt durch das schöne Wetter viele Leute unterwegs sind und das ganze Drumherum den wohlerzogenen Rocky ablenken könnte. Doch spätestens nach der erfolgreichen Durchführung von „Bleib 3" – „Bleib, bis ich wiederkomme" mit folgendem Ablauf: der Hund ist an der Leine; die Leine fällt als Symbol der Ruhe zu Boden; ein persönlicher Gegenstand, z. B. eine Mütze, wird hinterlassen; der Hund verweilt an seinem Platz, während sich die Gruppe langsam entfernt – steht fest: Joe hat seinen Rocky bestens im Griff.

Auftakt am Fluderbach

Unsere Wanderung beginnt an der Bachbrücke unterhalb des Berggasthofs Duftbräu, die von den beiden Parkplätzen jeweils nur gut 100 Meter entfernt ist (Ww. Heuberg). Der Weg steigt im Tal des Fluderbachs flankiert von den Tafeln des Bierlehrpfads moderat an. Mal plätschert der Bach ruhig vor sich hin, mal rauscht er in Kaskaden zu Tale. Doch der eher wasserscheue Rocky hält sich vom kühlen Nass weitgehend fern.

Am Holzlagerplatz (898 m) folgen wir dem Wegweiser in Richtung Heuberg geradeaus zur sogenannten Liebeswiese. Wir überqueren die Wiese mit Blick auf den Hochries und überwinden das Waldstück bis zu den Daffneralmwiesen, auf denen im Frühjahr nach der Schneeschmelze Tausende von Krokussen blühen. Da die Weidesaison bereits vorbei ist und

Route	Parkplatz Duft → Daffner-wald-Almen → (Heuberg) → Euzenaueralm → Triesdorfer-hütte → Parkplatz Duft

Anfahrt

Auto — A8 Ausfahrt Achenmühle / Samerberg / Törwang, über Grainbach der Beschilderung nach Duft folgen

Start — Parkbucht 100 m oberhalb der Brücke am Fluderbach (N 47.741683°, E 12.215316°) oder Parkplatz am Berggasthof Duftbräu (N 47.741372°, E 12.212806°)

Charakter — Genussvolle Rundtour auf bequemen Steigen wechsel-weise durch schattigen Wald und über aussichtsreiche Almwiesen. Die Zugabe zum Heuberg ist steil und bei feuchten Bedingungen (z.B. Schneeschmelze) nicht leicht zu gehen.

≈ Fluderbach, Bachlauf 250 m südlich der Daffnerwald-Almen (Abstieg), Bachlauf im Euzenauer Graben

Wegweiser Anstieg zum Heuberg bestens beschildert, im Abstieg Schilder Richtung Euzenau und Duftbräu, aber auch unbeschilderte Weg-gabelungen

Deindlalm, Tel. 0171-4215310, www.deindlalm.de; Laglerhütte, Tel. 0172-6021388, www.laglerhof-nussdorf.de, Mo Ruhetag; Gasthof Duftbräu, Tel. 08032-8226, www.duftbraeu.de

Karte AV-Wanderkarte BY17, Chiemgauer Alpen West, 1:25.000

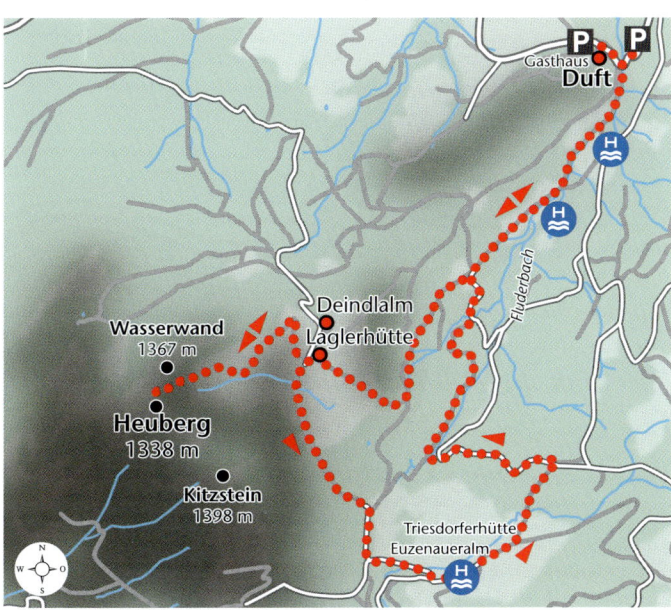

Raphaela mit Rocky; im Hintergrund Daffnerwald-Almen und Wasserwand

Ohren nach oben – volle
Kraft voraus: Rocky beim
Apportieren ...

die Kühe längst im Tal verweilen, darf sich Rocky im Apportieren üben. Mit wehenden Ohren fliegt er quasi über das Grün und holt sich von Joe und den erfreuten Mädls seine wohlverdiente Belohnung ab.

Gipfelzugabe auf den Heuberg

Für die Gipfelzugabe von der Daffnerwald-Alm (1059 m) auf den Heuberg muss insgesamt etwa eine gute Stunde eingeplant werden. Bei Schneeschmelze oder nach Regen ist der Anstieg oft sehr schmierig. So auch an diesem herrlichen Oktobertag, an dem sich Rocky und die Kinder gegenseitig motivieren. Unterhalb der imposanten Wasserwand erreichen wir die Einsattelung und links haltend nach wenigen Minuten den Gipfel (1338 m), der einen schönen Ausblick in Richtung Inntal und Chiemgau bietet.

Häufiger Richtungswechsel beim Abstieg

Statt von der Daffnerwald-Alm direkt in den Talboden abzusteigen, wählen wir den flachen Almweg in Richtung Süden (Ww. Euzenau). Der Weg kreuzt einen Bachlauf, verengt sich im Wald und mündet in einen Forstweg, der uns bequem in den sogenannten Euzenauer Graben leitet. Wir passieren die Euzenauer- und Hammermeister-Alm und biegen am Weg-

baum Euzenau (935 m) links in den Wiesenweg, der an der
Triesdorfer Hütte vorbei zurück in den Wald führt (Ww. Duftbräu). Nach Überwindung eines kleinen Gegenanstiegs halten
wir uns an der „Forststraße Abzweigung Euzenau" (975 m)
links. Gut 600 Meter später verlassen wir den Forstweg nach
links und freuen uns auf ein rasches Wiedersehen mit dem
Fluderbach. Nach dessen Überquerung geht es rechts auf
feuchtem Pfad talaus. Wir bleiben auf dem Hauptweg (Linksabzweig ignorieren!) und gelangen an der T-Kreuzung links
haltend auf die Aufstiegsroute zurück.

Auf den „Liebeswiesen" trifft Joe einen Bekannten, der
einen Spitz mit sich führt. Während der Unterhaltung jagen
sich die beiden Hunde wechselweise mit Höchstgeschwindig-
keit über das weitläufige Grün. Einen besseren Beleg dafür, dass
Rocky seine erste Bergtour mit Bravour bestanden hat, kann es
nicht geben. Und vor Erreichen der Teerstraße schlüpft Rocky
freudig und freimütig in die Halsung. „Honolulu", Ankunft
des Hundes, Leckerli und rein ins Halsband in einer Bewegung
– das Anleinen kann so geschmeidig sein.

Wanderparadies an
der Laglerhütte

Kimbas Angst vor Kühen

Rund um den Haindorfer Berg bei Aschau

Ob ein Hund Angst vor Kühen hat, hängt nicht unbedingt von seiner Größe ab. Kimba jedenfalls ist ein ausgewachsener Berger Blanc Suisse und meidet die Weide dennoch wie der Teufel das Weihwasser. Nur gut, dass sein Herrchen den Kurzurlaub im Chiemgau auf die Vorsaison verlegt hat, denn dann sind die Weiden rund um die Maisalm und Samer-Alm noch nicht bewirtschaftet. Und bergerprobt ist Kimba trotz seiner norddeutschen Herkunft allemal.

Der Haindorfer Berg liegt zwischen Chiemsee und Kampenwand, ist aber bei weitem nicht so überlaufen wie die bekannten Ausflugsziele. Seine Umrundung ist eine gemütliche Halbtagestour mit sehr schönen Ausblicken in das Priental. Im Abstieg passiert man die Abendmahlkapelle mit ihrer sulfathaltigen Wasserquelle, die einer Legende nach Wunden heilen soll.

Von Kohlstatt auf den Haindorfer Berg

Vom Wanderparkplatz an der Kohlstatt geht es durch den Lochgraben auf dem Teerweg oberhalb des sprudelnden Bachs steil bergan. Nach Überwindung der Steilstufe erreicht man eine Art Hochplateau mit der idyllisch gelegenen Maisalm. Etwas oberhalb stößt man im Wald auf eine Wegkreuzung, im Volksmund auch als „Stachus" bekannt. Von hier führen Wege sowohl zur Kampenwand als auch nach Hintergschwend und zum Haindorfer Berg.

Der Abstecher zum Haindorfer Berg lohnt allein wegen des Blickes auf den Chiemsee. Am Fuß des Berges bietet die urige Samer-Alm in den Sommermonaten eine zünftige Brotzeit mit frischer Kuhmilch. Oberhalb der Alm führt eine breite Buckelwiese auf den bewaldeten Berg. Am besten steigt man querfeldein am rechten Rand der Weide entlang der alten Steinmauer empor.

Rückweg über Gschwend und die Abendmahlkapelle

Zurück am „Stachus" wandert man auf dem Forstweg gemütlich in Richtung Chiemsee bergab. Die Passage zwischen Wanderparkplatz und Vordergschwend verläuft auf einer kleinen Teerstraße, einzelne Autos müssen beachtet werden. Dann zweigt im Nordschatten des Berges ein schöner Wanderweg zur versteckt im Wald gelegenen Abendmahlkapelle mit Zwiebelkuppel ab.

Die oft besuchte Wallfahrtskapelle verdankt ihre Entstehung jenem heilenden Quellwasser, das aus den sulfathaltigen Gesteinsschichten der Kampenwand stammt. Ein Schlossergeselle soll den Bau der Kapelle einst nach Gesundung seines rechten Arms aus Dankbarkeit vollzogen haben. Angeblich war an dieser Stelle bereits im 17. Jahrhundert eine kleine Holztafel mit der Darstellung des Heiligen Abendmahls an einem Baum befestigt; konsequenterweise hängt über dem kleinen Altar ein Gemälde mit einer entsprechenden Votivtafel.

Von der Kapelle führt der mit Kreuzwegstationen versehene Abstieg in Richtung Tal. Man wandert aber nicht direkt in den Talboden hinein, sondern folgt links dem malerischen Pfad entlang des im Frühjahr mit Bärlauch übersäten Hangs zum Ausgangspunkt zurück. Oberhalb von Innerkoy trifft man an einem Quellbach auf ein Warnschild, mit dem ein einheimischer Bauer seine ganze Wut gegen vorsätzlich Staudamm bauende Kinder entlädt. Die Hunde scheint der wohl unter Verfolgungswahn Leidende jedoch nicht im Visier zu haben.

Route	Aschau (Kohlstatt) → Maisalm → Samer-Alm (Haindorfer Berg) → Hinter-/ Vordergschwendt → Abendmahlkapelle → Aschau
Anfahrt	
Auto	A 8 Ausfahrt Frasdorf bzw. Bernau und weiter nach Aschau. Im Ort von der Kampenwandstraße nach links in die Aufhamerstraße abbiegen.
Start	Wanderparkplatz am Kohlstattweg, N 47.775°, E 12.3343°
Charakter	Nach der ersten Steilstufe durch den Lochgraben zur Maisalm wird die Wanderung zunehmend genussvoller. Der Rundweg ist gut beschildert (Wanderweg Nr. 23); der Schlussanstieg auf den Haindorfer Berg erfolgt weglos.
	Lochgraben im Aufstieg, Quellbäche nahe „Stachus" und oberhalb von Innerkoy, „Wunderquelle" an der Abendmahlkapelle
	An den Almweiden in Nähe der Kühe, kurzes Straßenstück bei Hintergschwend
Wegweiser	Der Rundweg um den Haindorfer Berg ist mit Weg-Nr. 23 meist ausgeschildert.
	Maisalm, Tel. 0 80 34 - 607 92 03, Mo. Ruhetag, im Winter nur Fr–So geöffnet, www.mais-alm.de; Gschwendtner Hof, Mo. Ruhetag, Tel. 0 80 52 - 40 81, www.gschwendtner-stubn.de
Karte	Kompass-Wk Nr. 10, Chiemsee-Simsee, 1:50.00

Kimba unterhalb der Samer-Alm (o.)

Wegpassage zur Abendmahlkapelle

Am Fuß des Wilden Kaisers

Von Kufstein über die Kaindlhütte in das Kaisertal

Auch wenn wir mit unseren Vierbeinern im Gegensatz zu früher nicht mehr auf der Kaindlhütte übernachten können („Tagsüber sind Hunde selbstverständlich erlaubt"), so ist diese kurzweilige Rundwanderung über dem Inntal aufgrund der großartigen Panoramablicke dennoch ungemein lohnend. Mit dem Kaiserlift lässt sich die abwechslungsreiche Route zudem im Anstieg deutlich abkürzen.

Winnie mit Gabi und Andi auf dem Weg in das Kaisertal (l.) und beim Aufstieg zur Kaindlhütte (r.)

Von Kufstein zur Kaindlhütte

Wer auf die bequeme Steighilfe verzichtet, sollte aufgrund der Länge der Tour zeitig aufbrechen. Von Kufstein führen mehrere Wege zur Hütte hinauf. Wir wandern vom Kaiserlift am Friedrich-Liszt-Denkmal vorbei auf dem Talweg

Richtung Süden. Nach einigen Minuten zweigt der beschilderte Wanderweg zum Gasthof Hinterdux ab. Nächstes Ziel ist die Duxeralm, von der der Fahrweg in einer weit ausholenden Schleife zum Brentenjoch hochführt. Mit schönem Blick auf den Wilden Kaiser geht es zunächst durch den weiten Talkessel des Brandkogels ein Stück weit hinab. Auf Höhe der Steinberghütte verlässt man den Fahrweg und kürzt an der in einer Bachsenke gelegenen Alm vorbei über die freie Wiese ab. Wieder auf dem Hauptweg ist es bis zur Kaindlhütte, die schmackhafte Tiroler Küche – sämtliche Zutaten stammen von regionalen Betrieben – bietet, nicht mehr weit.

Route	Kufstein → Duxeralm → Brentenjoch → Kaindlhütte → Bettlersteig → Kaisertal → Kufstein
Anfahrt	Mit der Bahn von München über Rosenheim nach Kufstein; RVO-Bus 4030 oder 4036 Richtung Ebbs bis zum Kaiserlift
Auto	A 8 Inntal-Dreieck, A 93 Ausfahrt Oberaudorf, B 172 nach Niederndorf, B 175 über Ebbs Richtung Kufstein, vor Eichelwang links Abzweig Richtung Kaisertal / Kaiserlift
Start	Gebührenpfl. Wanderparkplatz N 47.590381°, E 12.185066°
Charakter	Der Aufstieg zur Kaindlhütte verläuft meist auf Forst- und Fahrwegen, die Querung auf dem Bettlersteig in das Kaisertal ist anspruchsvoll (Steilgelände; kurze Drahtseilpassagen). Im Kaisertal Wechsel zwischen schönen Wald- und Fahrwegen
	Wasserstelle zwischen Duxeralm und Brentenjoch, Gaisbach an der Steinberghütte, Bäche am Bettlersteig, Bach im Straßwalchgraben, Kaiserbach
	Sicherung mit Hundegeschirr an der Schlüsselstelle des Bettlersteigs für ungeübte Hunde, evtl. geringer Autoverkehr auf dem Fahrweg im Kaisertal, kurzes Straßenstück am Fuß der Kaiserklamm
Wegweiser	Wanderweg 814 zwischen Duxeralm und Kaindlhütte, Bettlersteig gut markiert, der Wegeinstieg für den Abstieg in das Kaisertal ist schwer zu finden, im Kaisertal eindeutige Wegführung
	Gasthof Hinterdux, Duxeralm, Kaindlhütte (www.kaindlhuette.com), Erbhof, Gasthof Enzian, Pfandlhof (Do Ruhetag), Gasthaus Veitenhof (Mo / Di Ruhetag)
Karte	Kompass-WK 9, Kaisergebirge, 1:50.000

Auf dem Bettlersteig in das Kaisertal

Landschaftlich äußerst reizvoll ist mit geländetauglichen Hunden die Querung in das Kaisertal. Selbst Winnie – Nachkomme eines Siberian Husky (siehe Tour 29) –, die sich im steilen Gelände grundsätzlich recht geschickt bewegt, fühlt sich an der drahtseilgesicherten Stelle mit Brustgeschirr und Leine sichtbar wohler. Langsam steigt Andi mit ihr hinab und hat die Situation jederzeit unter Kontrolle. Auch später im Wald, als Winnie offenbar ein Reh wahrgenommen hat, halten Gabi und Andi sie durch gutes Zureden im Zaum.

Blick zur Kaindlhütte, die malerisch am Fuß des Scheffauers liegt.

An der Jagdhütte Straß-walch verlassen wir den Bett-lersteig. Als Orientierung dient die Sitzbank auf der klei-nen Wiesenkuppe, dahinter führt ein Pfad steil in den Wald. Nach vielen Kurven nähert sich der Pfad dem rauschenden Bach im Straß-walchgraben. Hier stürzt sich Winnie voller Begeisterung in eine einladende Gumpe.

Vier Einkehrmöglich-keiten im Kaisertal

Der Wanderweg führt direkt am Bach entlang abwärts und trifft am Kaiser-bach auf den Hauptweg des Kaisertals. Hier hält man sich links und folgt vor dem Tunnel, der in eine kleine Schlucht führt, dem Weg-weiser in Richtung Pfandlhof. Der Steig erfordert zwar einen kurzen Gegenanstieg, führt aber über weichen Waldbo-den deutlich schöner zum Ziel als der breite Fahrweg. Am Erbhof Hinterkaiserhof gibt es bei Bedarf eine Brotzeit mit Buttermilch. Kurz darauf passiert man die Antonios-kapelle und erreicht mit dem

Die Schlüsselstelle des Bettlersteigs ist drahtseilgesichert.

Gasthof Enzian und dem Pfandlhof zwei weitere Einkehren, von deren Terrassen sich das Kaisertal nochmals in aller Schön-heit präsentiert. Weiter geht es am Veitenhof vorbei auf dem Fahrweg bis zum Tunnel, der seit 2008 das Kaisertal mit dem Inntal verbindet; von dieser umstrittenen Neuerschließung profitieren jedoch nur die Bewohner des Kaisertals. Vorbei sind die Zeiten, als die Jeeps mühsam per Seilwinde über die Spar-chenstiege nach oben gezogen werden mussten, um die Hütten- und Almbewohner mobil zu machen.

Vom Tunnel führt der Wanderweg zuletzt steil in Kehren zum Parkplatz an der Kaiserbachklamm. Gleich hinter der Bachbrücke zweigt unser Steig zum Kaiserlift ab.

Und täglich grüßt das Murmeltier

Rundwanderung über das Seehorn am Steinernen Meer

Das Steinerne Meer ist mit seinem Labyrinth aus Fels-
spalten und unterirdischen Gängen ein Eldorado für
die Murmeltiere. Bereits beim Aufstieg Richtung
Ingolstädter Haus vernimmt der Wanderer ein schril-
les Pfeifen und sieht das ein oder andere Pelztier in
seiner Höhle verschwinden. Und auch viele Hunde
spitzen die Ohren. Sollte ein Vierbeiner seinen Jagdtrieb nicht im Zaum halten können, ist folgendes
Szenario vorstellbar: Der Hund sprintet auf das
Murmeltier zu, das rasch abtaucht; Sekunden später
ertönt ein neuer Pfiff aus einem anderen Höhlen-
eingang, zu dem der Hund abermals vergeblich hin-
sprintet. Dieses Katz-und-Maus-Spiel wiederholt sich
mehrmals, bis der Hund resigniert das Weite sucht.

W as für den Betrachter durchaus amüsant wirkt, bedeutet
für die Murmeltiere Stress. Insofern sollte der Hundehalter schon darauf bedacht sein, die ohnehin nicht von Erfolg
gekrönte Jagd zu unterbinden. Gleiches gilt für das Wild, das
im Naturschutzgebiet Kalkhochalpen ebenfalls zahlreich vorkommt. Wer seinen Hund diszipliniert, schont nicht nur die
empfindliche Fauna, sondern kann die grandiose Natur auch
unbeschwert genießen. Abgesehen davon werden jagende
Hunde vom Jäger ins Visier genommen.

Über den Dießbach-Stausee zur Schnittlauchwiese

Die Anfahrt von Weißbach nach Pürzlbach auf der engen
und steilen Straße verursacht bei bergunerprobten Autofah-
rern mehr Schwindelgefühle als die relativ einfachen Wanderwege der folgenden Rundtour. Am Parkplatz springen Sheila
und Tiger erwartungsvoll ins Freie. Die Alm- und Forststraße
führt moderat ansteigend zu den Kallbrunnalmen mit der
größten Almhochfläche der Berchtesgadener Alpen; an einer
Stelle können wir lohnend abkürzen. Sheila reagiert auf Kühe
manchmal etwas gereizt und kommt deshalb an die Leine;
Tiger lässt sich nicht provozieren und läuft nebenher.

Tiger unterhalb des Seehorn-Gipfels;
im Hintergrund ragt der
Große Hundstod in die Höhe.

Route	Pürzlbach → Kallbrunnalm → Dießbach-Stausee → Hochwies → Seehorn → Pürzlbach
Anfahrt	
Auto	A 8 Richtung Salzburg, Ausfahrt Inzell, B 306 über Inzell, Schneizlreuth und Lofer nach Weißbach, dort der steilen Bergstraße nach Pürzlbach folgen
Start	Parkplatz oberhalb der Anwesen, N 47.5157°, E 12.7787°
Charakter	Eine zwar lange, aber land-schaftlich großartige, wasser-reiche und technisch unschwierige Wanderung am nördlichen Ausläufer des Steinernen Meers! Die Strecke bis zum Dießbach-Stausee verläuft abgesehen von einer Abkürzung auf Fahrwegen, die Seehorn-Runde dann auf schönen Steigen und Pfaden. Vom Gipfel grandioses Gipfel-Panorama!
	Brechlbach, Quelle an der Kallbrunnalm, Dießbach bis weit hinauf in die Hochwies, Seehornsee
	Im Weidegebiet an den Kallbrunnalmen
Wegweiser	Beim Anstieg zunächst Wanderweg 411 Richtung Ingolstädter Haus, dann den Beschilderungen zum See-horn sowie zu den Kallbrunn-almen (Abstieg) folgen
	Jausenstation Kallbrunnalm, Tel. +43 - 65 82 - 724 07, www.kallbrunnalm.at Käsehütte Kallbrunnalm, Tel. +43 - 86 57 - 490, www.naturpark-weissbach.at / kallbrunnalm
Karte	Kompass-WK 14, Berchtesgadener Land – Chiemgauer Alpen, 1:50.000

Hier sprudelt der Dießbach noch ganz harmlos durch das saftig grüne Hochtal ...

Nach Passieren der Kallbrunnalmen zweigt die Route an der Kashüttn zum Dießbach-Stausee ab, der von einer eindrucksvollen Staumauer begrenzt ist. Am Südufer des Sees müssen einige steile Passagen im Gegenanstieg bewältigt werden. Dann geht es malerisch am sprudelnden Dießbach entlang bis zur Materialseilbahn des Ingolstädter Hauses, das nach schlechten Erfahrungen heute keine Übernachtungshunde mehr duldet.

Der Große Hundstod, der mit seiner abweisenden Nordwand schier unbesteigbar wirkt, von Süden aber geübte Wanderer und filigrane Vierbeiner vor keine Probleme stellt, bleibt für uns somit außer Reichweite. In Wahrheit ist übrigens nie ein Hund bei einer Wanderung an diesem Berg abgestürzt. Vielmehr stürzte sich einer Legende zufolge ein Hunderudel in den Tod, nachdem es eine Hirten- und eine Königsfamilie zerfleischt hatte. In der gleichen Legende wird erzählt, dass infolge dieser Greueltat König Watzmann mitsamt Frau und seinen sieben Kindern zu Stein erstarrte.

Oberhalb der Materialseilbahn halten wir uns an der Weggabelung links (Ww. Seehorn). Der teils in Platten angelegte Weg rückt nahe an den tosenden Bach heran; ein Stichweg führt zu einem grandiosen Wasserfall mit smaragdgrüner Gumpe. Jenseits der Bachklamm öffnet sich das großzügige Hochtal der Hochwies, deren üppig grüne Wiesen im Sommer mit Schnittlauch übersät sind. Von hier präsentiert sich der Große Hundstod besonders eindrucksvoll. Wir vernehmen mehrmals das Pfeifen des Murmeltiers und folgen am hinteren Talboden dem Steig in Richtung Berg. Wasser gibt es hier im Überfluss: Der Dießenbach begleitet uns bis zu seiner Quelle im Hochkar des Seehorns. Etwas oberhalb folgt die Gratwanderung zum aussichtsreichen Gipfel.

Nach der Hälfte des Abstiegs zu den Kallbrunnalmen erreicht man den Seehornsee, der malerisch in einer Geländesenke unterhalb einer kleinen Felswand liegt. Tiger wagt sich im Gegensatz zu Sheila in das kühle Wasser, auch wir folgen angesichts der sommerlichen Wärme voller Begeisterung. Noch ahnen wir nicht, dass der fast wolkenlose Himmel trügerisch ist: Wie aus dem Nichts braut sich später im Westen ein Unwetter zusammen, in letzter Minute erreichen wir vor Blitz und Hagel das rettende Auto.

... und wenig später stürzt er durch die enge Felsklamm in mehreren Wasserfällen spektakulär zu Tale.

Bergtouren mit
Hüttenübernachtung

Faszination Wildbach

Von Scharnitz zur Halleranger Hütte

Hallerangerhaus *1768 m*	
Wirte	Kerstin und Thomas Lehner
Telefon	+43-720-347028
E-Mail	info@hallerangerhaus.at
Web	www.hallerangerhaus.at
geöffnet	Anfang Juni bis Mitte Oktober
Übernachtung	52 Betten, 24 Lager
Mit Hund	Übernachtung im Zimmer frühzeitige Vorbestellung wegen hoher Belegungs- quote vonnöten
Gipfelziele	Sunntiger Spitze (2321 m, 1 ½ Std., leicht); Speckkar-Spitze (2621 m, 2 ½ Std., schwierig)

Wer von Scharnitz durch das Hinterautal auf die Hallerangerhütte wandert, erlebt auf knapp 20 Kilometer Länge den für das Karwendelgebirge so typischen Kontrast zwischen grünen Almwiesen und schroffen Felsgipfeln auf Schritt und Tritt. Der rauschende Lafatscherbach und die wilde Isar sind stets unsere Begleiter, das Wandern am Wasser vollzieht sich hier in perfekter Vollendung.

Ausdauernde Hunde fühlen sich in den weiten Tälern noch wohler als wir Menschen; die flache Strecke zur Kastenalm etwa empfinden viele als „Hatscher". Deshalb sind im Hinterautal auch einige Radfahrer unterwegs, die ihre Drahtesel am Beginn des Lafatschertals abstellen und den Schlussanstieg zu Fuß bewältigen. Hunde, die mit Radfahrern auf „Kriegsfuß" stehen, sind für diese Wanderung somit nicht geeignet.

An Isar und Lafatscherbach zur Hallerangerhütte

Vom Wanderparkplatz geht es erst eben in Richtung Karwendeltäler, dann steigt die Route am Wiesenhof vorbei zur

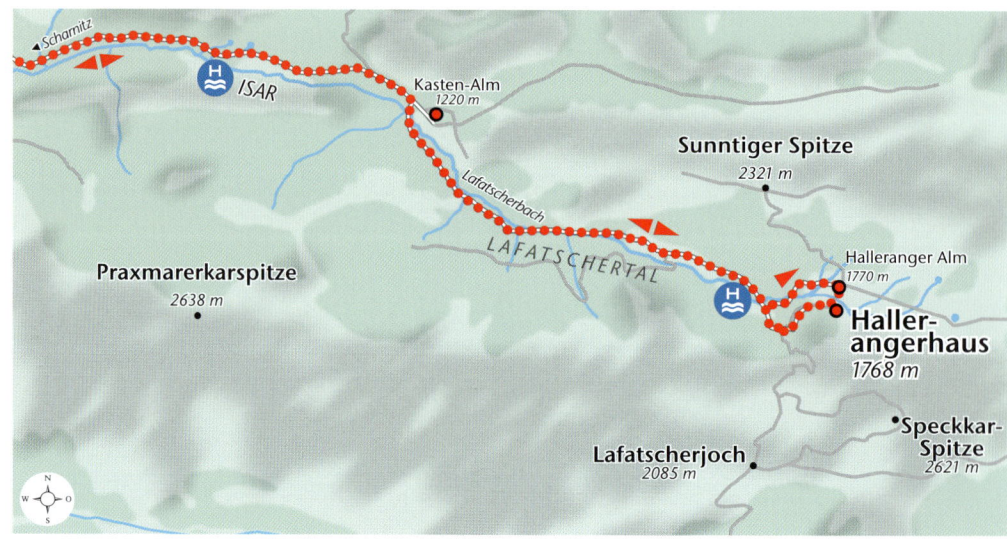

Gleirschhöhe an, von der sich eindrucksvolle Tiefblicke in die Felsschlucht der jungen Isar ergeben. Der Fahrweg führt leicht abwärts in das malerische Hinterautal, das sich auf mehrere Kilometer bis zur Kastenalm hinzieht. Abschnittweise verläuft der Weg unmittelbar an der wilden Isar. Lange Zeit glaubte man, die Isar würde an der Hallerangeralm entspringen, doch mittlerweile wurde als Quelle eine Stelle kurz vor Talschluss ausgemacht. Der Betrachter wundert sich, da unabhängig von der Quelle sehr viel Wasser im Flussbett zutale sprudelt; dieses Wasser gehört jedoch zum Lafatscherbach, der zwar an der Hallerangeralm entspringt, jedoch im Gegensatz zur Isarquelle in Trockenphasen versiegt.

Am Eingang des Lafatschertals wird der Weg steiler. Nach der Steilstufe öffnet sich das Tal, die imposante Speckkar-Spitze zeigt sich in ihrer ganzen Schönheit. Auch der Lafatscherbach, den man zuletzt nur akustisch aus der versteckten Klamm wahrgenommen hatte, taucht nun immer wieder auf.

Quartier im Hallerangerhaus

Nach dem langen Anmarsch wächst die Vorfreude auf das gute Essen im Hallerangerhaus. Jeder wohlerzogene Hund ist hier auch nach dem Pächterwechsel im Sommer 2011 – Kerstin und Thomas Lehner haben selbst einen Deutschen Schäferhund – willkommen. Die wenigen Zimmer sind während der Hochsaison jedoch rasch ausgebucht.

Route	Scharnitz → Isarquelle → Kastenalm → Hallerangerhaus und zurück
Anfahrt	Mit der Regionalbahn stündlich von München über Garmisch und Mittenwald nach Scharnitz
Auto	A 95 nach Garmisch-Partenkirchen, B 2 über Mittenwald nach Scharnitz. Im Ort nach der Isarbrücke links zum Wanderparkplatz
Start	Gebührenpflichtiger Wanderparkplatz im Isartal, N 47.3862°, E 11.2669°
Charakter	Der Weg zum Hallerangerhaus verläuft nach der ersten Steilstufe bis zur Kastenalm bequem durch das Hinterautal direkt an der jungen Isar. Anstrengender ist der Anstieg durch das Lafatschertal.
	Die Isar und der Lafatscher Bach sind während der gesamten Wanderung präsent.
	Von Scharnitz bis zur Kastenalm – vereinzelt auch bis zum Hallerangerhaus – sind vor allem an schönen Wochenenden Radfahrer unterwegs.
Wegweiser	AV-Steig 224 (gut markiert und beschildert)
	Kastenalm, Halleranger Alm und Hallerangerhaus
Karte	Kompass-WK 26, Karwendelgebirge, 1:50.000

Malerisch windet sich die Isar durch das Hinterautal.

Sheila auf Gletscherkurs

Von Lüsens auf das Westfalenhaus

Sheila liebt Wasser, Sheila liebt Schnee. Grund genug, mit ihr mal in die Gletscherwelt der Stubaier Alpen einzutauchen. Am Grüne-Tatzen-Ferner unterhalb des Seeblaskogels fühlt sie sich so richtig wohl, und selbst der felsige Gipfel stellt sie vor keinerlei Probleme. Als Stützpunkt eignet sich das Westfalenhaus. Hüttenhund Dipsy, der brave und übergewichtige Dalmatiner, ist im Sommer 2014 leider verstorben. Als sein Nachfolger hält der schwarze Labrador Arik inzwischen die Stellung.

Sheila genießt den Abstieg über das mittlerweile aufgeweichte Firnfeld in vollen Zügen.

B ereits der Aufstieg zum Westfalenhaus ist landschaftlich ein großes Erlebnis. Der Sommerweg hat den Vorteil, dass er schnell und direkt im Wald an Höhe gewinnt. Ein Warnschild mahnt die Hundehalter, ihre Vierbeiner während der Wanderung an die kurze Leine zu nehmen. Hüttenwirt Rinaldo wird uns später erzählen, dass sich die Jäger mit diesem Verbot nur absichern wollen. Im gesamten Lüsenstal weiden rund 1700

Schafe, und jedes Jahr werden einige durch wildernde Hunde gerissen. In der Praxis stört sich aber kein Mensch an einem frei herumlaufenden Hund, sofern dieser nicht wild durch das Gelände jagt.

Gemütliches Hüttenflair

Mit Hütehund Sheila besteht diese Gefahr ohnehin nicht. Wie immer weicht sie uns kaum einen Meter von der Seite. Oberhalb der Baumgrenze biegt der schöne Steig in das Längental, das Westfalenhaus ist schon von Weitem sichtbar. Langsam steigt man, die steilen Hänge der Schöntalspitze querend, vis-à-vis der gewaltigen Fernerkogel-Nordwand empor. In der Hüttenstube,

Route	Lüsens → Westfalenhaus (Sommerweg) → (Seeblaskogel) → Lüsens (Winterweg)
Anfahrt	
Auto	Von München über die Inntalautobahn (A8, A93, A12) oder über Garmisch und Mittenwald (A95, B2) in das Inntal; westlich von Innsbruck auf der Bergstraße nach Gries im Sellrain, dort links nach Lüsens abbiegen
Start	Großer Wanderparkplatz im Talschluss, N 47.1297°, E 11.1370°
Charakter	Beide Anstiege zum Westfalenhaus verlaufen auf gepflegten Wegen durch das Längental und sind nicht besonders anstrengend. Oberhalb der Hütte begibt man sich in hochalpines Gelände. Die meisten Gipfelanstiege sind im oberen Bereich kaum markiert und erfordern neben Trittsicherheit ein hohes Maß an alpiner Erfahrung und Orientierung.

 Malach in Lüsens, Bachläufe bei der Hangquerung zum Westfalenhaus, Längentalbach beim Abstieg

 Wenn Hunde Schafe jagen, müssen sie an die Leine. An der Längentaler Alm Kuhweide

 Gasthaus in Lüsens, Westfalenhaus

| Karte | Kompass-WK 83, Stubaier Alpen, 1:50.000 |

Allein in der Stubaier

Gletscherwelt ...

Sheila sprintet mit Micha
das Schneefeld hinab.

Westfalenhaus *2273 m*

Wirt	Rinaldo De Biasio
Telefon	+43 - 664 - 788 08 75
Web	www.westfalenhaus.at
geöffnet	je nach Witterung Februar bis Anfang Mai, 20. Juni bis Anfang Oktober
Übernachtung	21 Betten, 37 Matratzen-lager, 6 Lager im Winterraum
Mit Hund	Übernachtung im Zimmer nach telefonischer Vorbestellung
Gipfelziele	u.a. Seeblaskogel (3235 m, 3 Std., mittel); Längentaler Weißer Kogel (3218 m, 3 Std., mit Gletscheraus-rüstung leicht); Schöntal-spitze (3008 m, 2¾ Std., mittel)

die an diesem bedeckten Sommertag kaum gefüllt ist, fühlt man sich auf Anhieb wohl.

Viele lohnende Wanderziele

Vom Westfalenhaus ist die Wanderauswahl groß. Es gibt einfache Wege zum Winnebachjoch und Längentalferner, die weder von der Orientierung noch von der Wegbeschaffenheit Probleme bereiten. Für Gipfelziele wie den Längentaler Weißen-kogel hingegen benötigt man Gletscherausrüstung: Liegt viel Schnee, sind die Spalten verdeckt, während bei aperen Verhält-nissen Steigeisen angebracht sind.

Wir entscheiden uns für den Aufstieg zum Seeblaskogel. Zunächst queren wir von der Hütte auf dem Dr.-Simon-Weg in das Längental bis zum markierten Einstieg. Der Steig führt teils extrem steil durch Geröll in eine Karmulde. Weiter geht es weglos über Blockwerk zum Rand des kleinen Grüne-Tatzen-Ferners. Hier wälzt sich Sheila vor Freude im Schnee. Während wir an den eisigen Stellen Halt suchen, läuft sie grazil über das teils rutschige Terrain.

Nach Passieren des Firnfelds erwartet uns leichte Blockgesteinkletterei. An den exponierten Stellen sichert Micha Sheila mit Hundegeschirr und Leine. Kurz darauf erreichen wir den 3225 Meter hohen Gipfel und genießen den weiten Blick auf benachbarte Gletscherberge. So hoch war Sheila noch nie, ein Grund mehr, auf sich stolz zu sein. Das bisschen Müdigkeit wird beim Abstieg rasch verfliegen.

Abstieg über die Längentaler Alm

Im Gegensatz zum Sommerweg führt der Winterweg vom Westfalenhaus direkt durch die Almböden des Längentals mit dem viel Wasser führenden Längentaler Bach. Hinter der Längentaler Alm beginnt der relativ steile Abstieg. Der Steig mündet am Jugendheim in das Lüsenstal mit dem informativen Gletscherlehrpfad. Am Anfang des 20. Jahrhunderts reichte der Lüsenser Ferner noch bis zur benachbarten Materialseilbahn, seither hat das Eis rund die Hälfte seines ursprünglichen Volumens eingebüßt. Einem Szenario zufolge könnte Österreich bis 2060 gletscherfrei sein, doch das ist Shiela heute ziemlich egal.

Bevor der eigentliche Anstieg zum Seeblaskogel beginnt, müssen vom Westfalenhaus noch zahlreiche Wiesen- und Geröllhänge gequert werden.

Impressum

frischluft | edition
info@frischluftedition.de
www.frischluftedition.de

Autor: Michael Reimer
Grafik-Design: Katrin Baur
Druck/Repro: Lanadruck GmbH

ISBN 978-3-945419-05-2

6. Auflage: © 2021 frischluft | edition,
Verlag GbR
Alle Rechte vorbehalten.

Bildnachweis

Alle Bilder inklusive des Umschlags
stammen von Michael Reimer.

Ausnahmen:
Katrin Baur: 6(2),7(2),8(3),9(3),38u,39,108o
Susanne Hauenstein: 43o
pixabay: 19,22

Für den Inhalt der Fremdanzeigen ist der Verlag
frischluft | edition nicht verantwortlich.

Diese Produkt besteht aus vorbildlich
bewirtschafteten, FSC®-zertifizierten Wäldern
und wiedergewonnenem Material.

Zum Schluss ein herzliches Dankeschön!

Von ganzem Herzen möchten wir uns bei all unseren Begleitern bedanken, die für das Entstehen und Gelingen dieses Buches einen erheblichen Teil beigetragen haben. Insbesondere Stephanie und Michael Tetzner sowie Elfi Schedlbauer, die mit ihren Hunden Sheila und Tiger mehrmals bei der Recherche dabei waren, verdienen durch ihr unkompliziertes und heiteres Mitwirken inklusive der zahlreichen Foto-Shootings ein Extra-Lob. Ein besonderer Dank gebührt aber auch all jenen Hunde-Freundinnen und -Freunden, die unser Buch zum Anlass für ausgedehnte Wanderungen in der von uns allen so geschätzten Natur unternommen haben. Ohne Euch würde dieser Titel, für den wir vor vielen Jahren noch milde belächelt wurden, heute nicht in die 6. Auflage gehen.

Merci vielmals und Euch allen entspannte Wandertouren wünschen

Michael Reimer und Katrin Baur

Index